Friedrich Silcher

Deutsche Volkslieder mit Melodien

für eine oder zwei Singstimmen mit Begleitung des Pianoforte

Friedrich Silcher

Deutsche Volkslieder mit Melodien
für eine oder zwei Singstimmen mit Begleitung des Pianoforte

ISBN/EAN: 9783743419841

Hergestellt in Europa, USA, Kanada, Australien, Japan

Cover: Foto ©Thomas Meinert / pixelio.de

Hansebooks GmbH, Trakehner Weg 52, D-22844 Norderstedt

Weitere Bücher finden Sie auf **www.hansebooks.com**

SILCHER'S
Deutsche Volkslieder
mit
Begleitung des Pianoforte.

Deutsche Volkslieder

mit Melodien

für

eine oder zwei Singstimmen

mit

Begleitung des Pianoforte

von

FR. SILCHER.

[Eingetragen in das Vereins-Archiv.]

Leipzig.
Fues's Verlag.
(R. Reisland.)
1869.

Die Verlagsbuchhandlung dieser Volkslieder [Fues's Verlag (R. Reisland) in Leipzig] bemerkt hiermit, dass die Melodien zu nachstehenden 35 Volksliedern Original-Compositionen von Fr. Silcher und Eigenthum des Verlegers sind.

1. Ach, ach, ich armes Klosterfräulein.
2. Ach du klar blauer Himmel.
3. Ach, wenn's nur der König auch wüsst'
4. Ade, es muss geschieden sein.
5. Aennchen von Tharau ist, die mir gefällt.
6. Als die Preussen marschirten vor Prag.
7. Der schöne Schäfer zog so nah.
8. Der süsse Schlaf, der sonst stillt alles wohl.
9. Dicht von Felsen eingeschlossen.
10. Die Schwälble ziehet fort.
11. Drauss ist alles so prächtig.
12. E bissele Lieb' und e bissele Treu.
13. Es fliegt manch Vöglein in das Nest.
14. Es geht bei gedämpfter Trommel Klang.
15. Herzerl, was kränkt dich so sehr.
16. Ich habe den Frühling gesehen.
17. Ich ging einmal spazieren.
18. Ich weiss nicht, was soll es bedeuten.
19. Juchhei, Blümelein!
20. Kein schön'rer Tod ist in der Welt.
21. Komm mit mir in's Thäle.
22. Mag auch heiss das Scheiden brennen.
23. Mei Maidle hot e G'sichtle.
24. Mei Mutter mag mi net.
25. Mir ist's zu wohl ergangen.
26. Morgen müssen wir verreisen.
27. Morgen muss ich weg von hier.
28. Nichts kann auf Erden.
29. Nun leb' wohl, du kleine Gasse.
30. O Maidle, du bist mei Morgestern.
31. O wie herbe ist das Scheiden.
32. Steh ich im Feld.
33. Wer will unter die Soldaten.
34. Wie han i doch so gern die Zeit.
35. Zu Strassburg auf der Schanz.

Inhalts-Verzeichniss nach Nummern.

	Seite.		Seite.
1. So viel Stern' am Himmel stehen	1	49. O wie herbe ist das Scheiden	54
2. Morgenroth, Morgenroth, leuchtest mir	2	50. Uf'm Bergli bin i g'sesse	54
3. Z'nächst bin i halt gange	3	51. Herzerl, was kränkt dich so sehr	56
4. E bissele Lieb' und e bissele Treu'	4	52. Brüder, Brüder, wir ziehen in den Krieg	57
5. Mein Herzlein thut mir gar zu weh	5	53. Ein Täubchen kirr und traut	59
6. Muss i denn, muss i denn zum Städtele	6	54. Fahret hin, fahret hin	60
7. Morgen muss ich weg von hier	7	55. O Maidle, du bist mei Morgestern	61
8. Ich hatt' einen Kameraden	8	56. Mädele ruk, ruk, ruk an meine grüne Seite	62
9. Wo e kleins Hüttle steht	9	57. Komm mit mir in's Thäle	64
10. Es g'fallt mer nummen eini	10	58. Frisch auf, frisch auf! der Bergmann	65
11. Drauss ist alles so prächtig	11	59. Am Brunnen vor dem Thore	66
12. Liebchen, ade	12	60. Wenn i halt frua ufsteh'	67
13. Drunten im Unterland	12	61. Nichts Schönres kann mich erfreuen	68
14. Aennchen von Tharau	13	62. Und schau' ich hin, so schaust du her	69
15. Wer singet im Walde	15	63. Mag auch heiss das Scheiden brennen	70
16. Vögele im Tannenwald	16	64. Bei nächtlicher Weil	71
17. Steh ich im Feld	17	65. Mein G'müth ist mir verwirret	72
18. Wenn der Schnee von der Alma	18	66. Du Mond, i hätt' a Bitt' an di	73
19. In einem kühlen Grunde	20	67. Prinz Eugen der edle Ritter	74
20. Ade! es muss geschieden sein	21	68. Ich ging einmal spazieren	76
21. Es zogen drei Bursche	22	69. Mei Mutter mag mi net	77
22. Heute scheid ich	23	70. Mei Schätzle ist fein	78
23. Ach, ach, ich armes Klosterfräulein	25	71. Es fliegt manch Vöglein in das Nest	79
24. Auf dem Meer bin ich geboren	26	72. Spinn, spinn mein liebes Nancrl	80
25. Der schöne Schäfer zog so nah	27	73. Ich habe den Frühling gesehen	81
26. Zu Strassburg auf der Schanz	28	74. Gut Nacht, gut Nacht, mein feines Lieb	82
27. Loset, was i euch will sage	29	75. Ach du klar blauer Himmel	83
28. Han an em Ort a Blümeli g'seh'	31	76. Was hab ich denn meinem	84
29. Morgen müssen wir verreisen	31	77. Da steh i hier oben	85
30. Bin i net a lust'ger Schweizerbu	32	78. Mei Maidle hot e G'sichtle	87
31. Ich weiss nicht, was soll es bedeuten	34	79. O Tannenbaum, wie treu	88
32. Nichts kann auf Erden	35	80. Es waren einmal drei Reuter gefang'n	89
33. Dicht von Felsen eingeschlossen	36	81. Wenn ich an den letzten Abend denk'	90
34. Steh ich in finstrer Mitternacht	37	82. Wer will unter die Soldaten	92
35. Du mein einzig Licht	39	83. War das nicht ein Blick der Liebe	93
36. Frisch auf, Soldatenblut	39	84. Juchhei, Blümelein	94
37. Die Schwälble ziehet fort	40	85. Wie die Blümlein draussen zittern	95
38. Kein schönrer Tod ist in der Welt	41	86. Der süsse Schlaf, der sonst stillt Alles	96
39. Jetzt reisen wir zum Thor hinaus	42	87. Nun leb wohl, du kleine Gasse	97
40. Es geht bei gedämpfter Trommel Klang	43	88. Durch's Wiesethal gang i jetzt na	99
41. Ich fahr' dahin, wenn es muss sein	45	89. Wenn alle Brünnlein fliessen	99
42. O herzensschöns Schätzerl, jetzt komm	46	90. Zu dir zieht's mi hin	100
43. Ach, wenn's nur der König auch wüsst	47	91. Von allen den Mädchen so blink und so	102
44. Rosestock, Holderblüth, wenn i mei	48	92. Wie han i doch so gern die Zeit	103
45. Ein Jäger aus Kurpfalz	49	93. Als die Preussen marschirten vor Prag	104
46. Bin ein und ausgange im ganze Tyrol	50	94. Im Aargäu sind zwei Liebi	105
47. Es war ein Markgraf über'm Rhein	52	95. Mir ist's zu wohl ergangen	106
48. Jetzt gang i an's Brünnele	53	96. Ach Gott, wie weh thut Scheiden	107

Inhalts-Verzeichniss nach dem Alphabet.

	Nr.
Ach, ach, ich armes Klosterfräulein	23
Ach du klar blauer Himmel	75
Ach Gott, wie weh thut Scheiden	96
Ach, wenn's nur der König auch wüsst'	43
Ade, es muss geschieden sein	20
Als die Preussen marschirten vor Prag	93
Am Brunnen vor dem Thore	59
Aennchen von Tharau ist, die mir gefällt	14
Auf dem Moore bin ich geboren	24
Bei nächtlicher Weil	64
Bin ein und ausgange im ganze Tyrol	46
Bin i net a lust'ger Schweizerbu	30
Brüder, Brüder, wir ziehen in den Krieg	52
Da steh i hier oben	77
Der schöne Schäfer zog so nah	25
Der süsse Schlaf, der sonst stillt Alles wohl	86
Dicht von Felsen eingeschlossen	33
Die Schwälble ziehet fort	37
Draussen ist alles so prächtig	11
Drunten im Unterland	13
Du mein einzig Licht	35
Du Mond, i hätt' a Bitt' an di	66
Durch's Wiesethal gang i jetzt na	88
E bissele Lieb' und e bissele Treu'	4
Ein Jäger aus Kurpfalz	45
Ein Täubchen kirr und traut	53
Es fliegt manch Vöglein in das Nest	71
Es geht bei gedämpfter Trommel Klang	40
Es g'fallt mer nummen eini	10
Es war ein Markgraf über'm Rhein	47
Es waren einmal drei Reuter gefang'n	80
Es zogen drei Bursche	21
Fahret hin, fahret hin	54
Frisch auf, frisch auf! der Bergmann kommt	58
Frisch auf, Soldatenblut	36
Gute Nacht, mein fein's Lieb'	74
Han an em Ort a Blümeli gseh'	28
Herzerl, was kränkt dich so sehr	51
Heute scheid ich	22
Ich fahr dahin, wenn es muss sein	41
Ich ging einmal spazieren	68
Ich habe den Frühling gesehen	73
Ich hatt' einen Kameraden	8
Ich weiss nicht, was soll es bedeuten	31
Im Aargäu sind zwei Liebi	94
In einem kühlen Grunde	19
Jetzt gang i an's Brünnele	48
Jetzt reisen wir zum Thor hinaus	39

	Nr.
Juchhei, Blümelein	84
Kein schöner Tod ist in der Welt	38
Komm mit mir in's Thäle	57
Liebchen, ade!	12
Loset, was i euch will sage	27
Mädele, ruk, ruk, ruk an meine grüne Seite	56
Mag auch heiss das Scheiden brennen	63
Mei Maidle hot e G'sichtle	78
Mei Mutter mag mi net	69
Mein G'müth ist mir verwirret	65
Mein Herzlein thut mir gar zu weh	5
Mei Schätzle ist fein	70
Mir ist's zu wohl ergangen	95
Morgen muss ich weg von hier	7
Morgen müssen wir verreisen	29
Morgenroth, Morgenroth, leuchtest mir zum	2
Muss i denn, muss i denn zum Städtele naus	6
Nichts kann auf Erden	32
Nichts Schönres kann mich erfreuen	61
Nun leb wohl du kleine Gasse	87
O herzenschöns Schätzerl, jetzt komm i vom	42
O Maidle, du bist mei Morgenstern	55
O Tannenbaum, wie treu	79
O wie herbe ist das Scheiden	49
Prinz Eugen, der edle Ritter	67
Rosestock, Holderblüth, wenn i mei Dienderl sieh	44
So viel Stern am Himmel stehen	1
Spinn, spinn, mein liebes Nanerl	72
Steh ich im Feld	17
Steh ich in finstrer Mitternacht	34
Ufem Bergli bin i g'sesse	50
Und schau' ich hin, so schaust du her	62
Vögele im Tannenwald	16
Von allen den Mädchen so blink und so blank	91
War das nicht ein Blick der Liebe	83
Was hab ich denn meinem	76
Wenn alle Brünnlein fliessen	89
Wenn der Schnee von der Alma	18
Wenn ich an den letzten Abend denk'	81
Wenn i halt frua aufsteh'	60
Wer singet im Walde	15
Wer will unter die Soldaten	82
Wie die Blümlein draussen zittern	85
Wie han i doch so gern die Zeit	92
Wo e kleins Hüttle steht	9
Z'nächst bin i halt gange	3
Zu dir zieht's mi hin	90
Zu Strassburg auf der Schanz	26

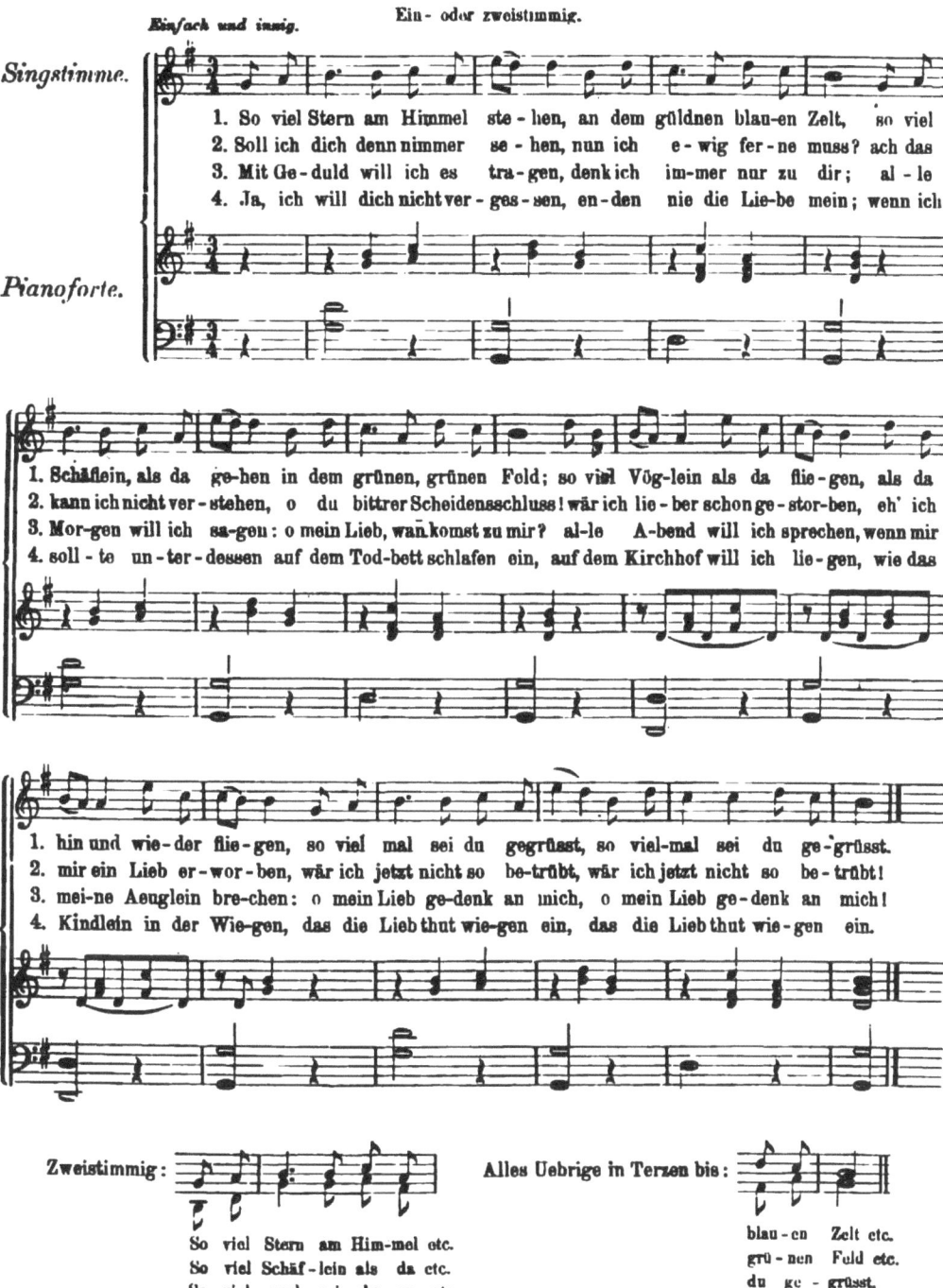

2. Reiters Morgengesang.

Schwäbisch. Ein- oder zweistimmig.

Gehalten und fest.

Singstimme.

1. Morgen - roth, Morgen - roth, leuchtest mir zum frü - hen Tod?
2. Kaum ge - dacht, kaum ge - dacht, war der Lust ein End' ge - macht.
3. Ach wie bald, ach wie bald, schwindet Schön - heit und Ge - stalt!
4. Dar - um still, dar - um still, füg ich mich, wie Gott es will.

Pianoforte.

1. Bald wird die Trompe - te bla - sen, dann muss ich mein Le - ben las - sen, ich und
2. Ge - stern noch auf stol - zen Ros - sen, heu - te durch die Brust ge - schos - sen, mor - gen
3. Thust du stolz mit dei - nen Wan - gen, die wie Milch und Pur - pur pran - gen? sieh', die
4. Nun, so will ich wak - ker strei - ten, und sollt' ich den Tod er - lei - den, stirbt ein

1. man - cher Ka - me - rad!
2. in das küh - le Grab.
3. Ro - sen welken all'!
4. bra - ver Reiters - mann.

Nach Wilh. Hauff.

Auffallend ist es, dass man in vielen Volksliedersammlungen diese schöne Melodie, welche in Schwaben zu Hause ist, in ihren 2 ersten Takten verunstaltet findet, nämlich:

Mor - gen - roth, Mor - gen - roth, leuch - test mir zum etc.

Dem aufmerksamen Ohre kann es nicht entgehen, dass die Terz (Takt 3) auf dem Worte mir eine Folge der früheren beiden Terzen auf roth ist, nämlich:

Mor - gen - roth, Mor - gen - roth, leuch - test mir zum etc.

Dass Wilh. Hauff den Vers: „Morgenroth etc." gedichtet und dem Liede voran gesetzt hat, dürfte hinlänglich bekannt sein.

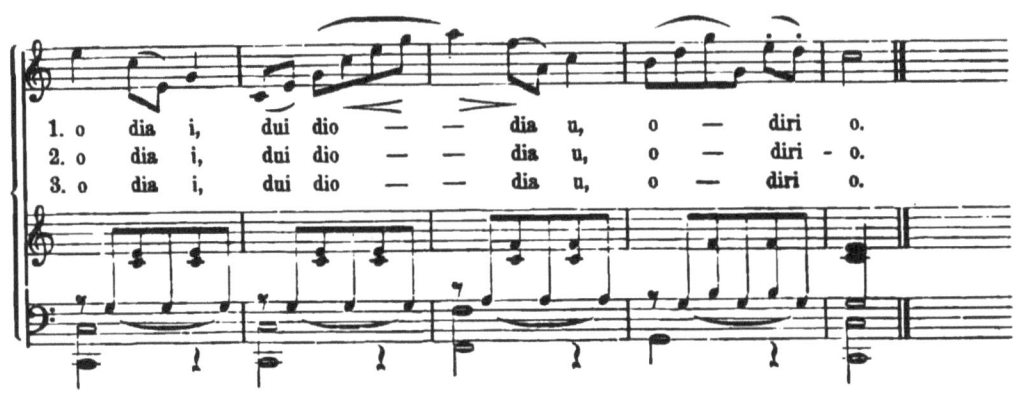

4. Schwäbisches Liebesliedchen.

(Original-Composition von Silcher und Eigenthum des Verlegers.)

Ein- oder zweistimmig

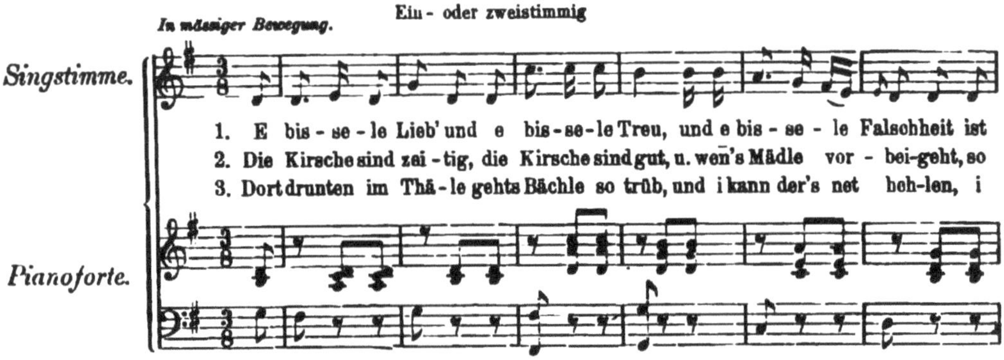

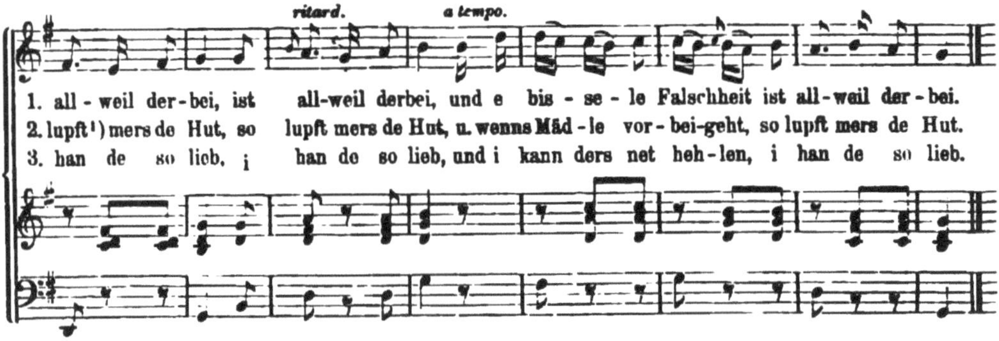

¹) lupft, hebt. ²) geist, gibst.

Zweistimmig. Takt 5.

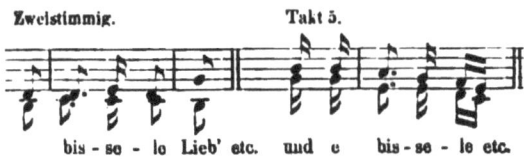

4.

Und wenn i der's zehnmal sag,
Dass i de lieb,
Und du geist²) mer koi Antwort,
So wird mer's ganz trüb.

5.

Wenn i wisperl, wenn i schrei,
Und du hörst me net glei,
So muss i verstehn,
Dass i weiter soll gehn.

5. Herzensweh.//**Altdeutsches Minnelied.**

1. Mein Herzlein thut mir gar zu weh! Das macht, weil ich in Trau-ren steh'. Mein Herzlein thut mir weh, gleich wenn ich dich an-seh'; ach soll ich dich ver-las-sen, das thu ich nim-mer-mehr.

2. Mein Herzlein thut mir gar zu weh! Das macht, weil ich in Sor-gen geh'. Wenn ich im Garten steh', meine süs-se Blum' nicht seh', um ei-ne weis-se Lil-ge thut mir mein Herz so weh!

Vers 2 von Herm. Kurz in Stuttgart, dem Verfasser von „Schillers Heimathjahre" etc.

1. Maas - sen, soll ich dich ver - las - sen, soll ich dich ver - lassen!
2. liebtes Herz in die Fremde zie - het, in die Fremde ziehet.
3. um dein Haus, weil ich dein ge - den - ke, weil ich dein ge - den-ke.

In anderen Sammlungen findet man oft bei dieser neueren, wie auch bei andern älteren schwäbischen Volksweisen, die Schlussterz unpassend in den Grundton umgeändert, während sie, namentlich als langsam verhallender Accentton z. B. in Nr. 1, von eigenthümlicher Wirkung ist. Die Freunde solcher Aenderungen scheinen indessen mit dem schwäbischen Volksgesang nicht genug bekannt zu sein.

8. Der gute Kamerad.

Schrittmässig. Ein- oder zweistimmig.

1. Ich hatt' ei-nen Ka - me - ra - den, einen bes-sern find'st du nit.
2. Eine Ku - gel kam ge - flo - gen, gilt's mir oder gilt es dir?
3. Will mir die Hand noch rei - chen, der-weil ich e - ben lad,

1. Die Trommel schlug zum Strei - te, er ging an mei - ner Sei - te in gleichem Schritt und
2. ihn hat es weg - ge - ris - sen, er liegt vor mei - nen Füs - sen, als wär's ein Stück von
3. kann dir die Hand nicht ge - ben, bleib du im ew' - gen Le - ben mein gu - ter Ka - me -

1. Tritt, in gleichem Schritt und Tritt.
2. mir, als wär's ein Stück von mir.
3. rad, mein gu - ter Ka - me - rad. *Uhland.*

NB. Diese Melodie zum „Guten Kameraden" schon einige Male mit Unrecht dem Herausgeber zugeschrieben, stammt aus dem Munde des Volks.

9. Liebesscherz.

Schwäbisch.

Anm. ¹) Lieble, mögle, freundle, für lieblich, möglich, freundlich etc.

10. Hans und Verene.

5. Was wispelt in de Hurste?³)
Was ruhrt se echterst⁴) dört?
Es visperlet, es ruuscht im Laub;
O b'hut is⁵) Gott der Herr, i glaub,
 I glaub, i glaub,
Es hat mi naumer⁶) ghört.

8. O Vreneli, was saist mer.
 O Vreneli, isch so?
De hast mi uns em Fegfüür g'holt,
Und länger hätt' i's nümme tolt.¹⁰)
 Nei, nümme tolt;
Jo, freili, will i, jo!   Hebel.

6. „Do bin i jo, do hast mi.
 „Und wenn du mi denn witt!
„I ha's scho sietern Spätbling⁷) gmerkt,
„Am Zistig⁸) hast mi völlig b'stärkt,
 Jo völlig b'stärkt,
„Und worum saist's⁹) denn nit?"

7. „Und bist nit reich an Gulte,
 „Und bist nit reich an Gold,
„En ehrli Gmüth ist über Geld,
„Und schaffe kannst in Huus und Feld,
 In Huus und Feld,
„Und lug, i bin der hold!"—

Anm. ¹) nur. ²) von Dunder, Donner: nett. hübsch. ³) Gebusche. ⁴) wohl. ⁵) uns. ⁶) jemand. ⁷) seit dem Herbst. ⁸) Dienstag. ⁹) oder seisch, sagst du es. ¹⁰) geduldet, ertragen.

11. Im Mai.

(Original-Composition von Silcher und Eigenthum des Verlegers.)

Allegretto. **Schwäbisch.**

1. Drauss ist al-les so prächtig, und es ist mer so wohl, wenn meim Schätzle be-dächtig e Sträusse-le i hol. Mein ganz Herz thut me freu-e, und es blüht mer au drin: im Mai, im schö-ne Mai-e, han i viel no im Sinn. im Mai, im schö-ne Maie han i viel no im Sinn.

2. Wenn die Vö-gel thänt sin-ge, früh mor-gens zieh'n i aus, kann i's halt no ver-zwinge, hol i's Schä-tze-le in's Haus; und es wird sich schon mache, denn i mein's jo so gut, unser Herr-gott wird wache, dass mer z'sä-me¹) uns thut, unser Herr-gott wache, dass mer z'säm-e uns thut.

Anm. ¹) z'säme, zusammen.   Dichtung von Fr. Richter.

12. Abschied.

Ein - oder zweistimmig.

1. Liebchen, a - de! Scheiden thut weh! Weil ich denn schei-den muss,
2. Liebchen, a - de! Scheiden thut weh! Wah - re der Lie - be dein,
3. Liebchen, a - de! Scheiden thut weh! Wein' nicht die Aeuglein roth,

1. so gieb mir ei - nen Kuss. Liebchen, a - de! Scheiden thut weh!
2. stets will ich treu dir sein. Liebchen, a - de! Scheiden thut weh!
3. trennt uns ja selbst kein Tod. Liebchen, a - de! Scheiden thut weh!

Vers 2 und 3 von einem Tübinger Studenten, Ottmar Schönhut, später Pfarrer in Edelfingen bei Mergentheim.

13. Unterländers Heimweh.

Schwäbisch.

In mässiger Bewegung.

1. Drun - ten im Un - ter - land, da ist's halt fein.
2. Drun - ten im Ne - ckar - thal, da ist's halt gut.
3. Kalt ist's im O - ber - land, un - ten ist's warm;
4. A - ber da un - ten - 'rum, da sind d'Leut arm,

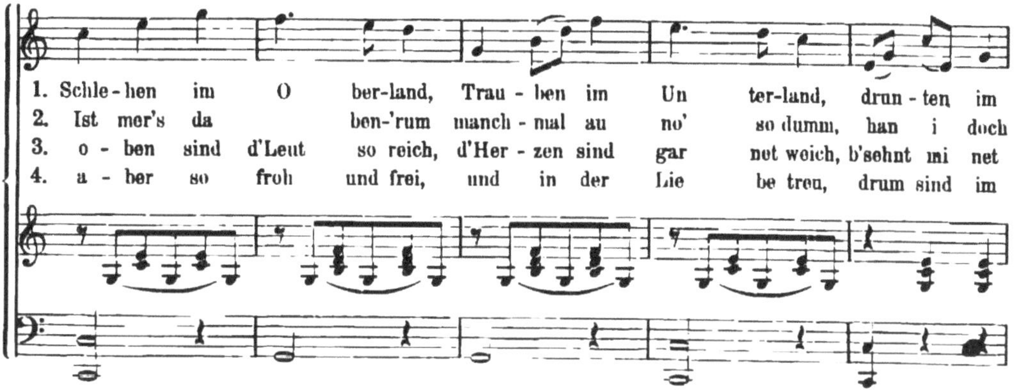
1. Schle - hen im O ber-land, Trau - ben im Un ter-land, drun - ten im
2. Ist mer's da ben-'rum manch - mal au no' so dumm, han i doch
3. o - ben sind d'Leut so reich, d'Her - zen sind gar net weich, b'sehnt mi net
4. a - ber so froh und frei, und in der Lie be treu, drum sind im

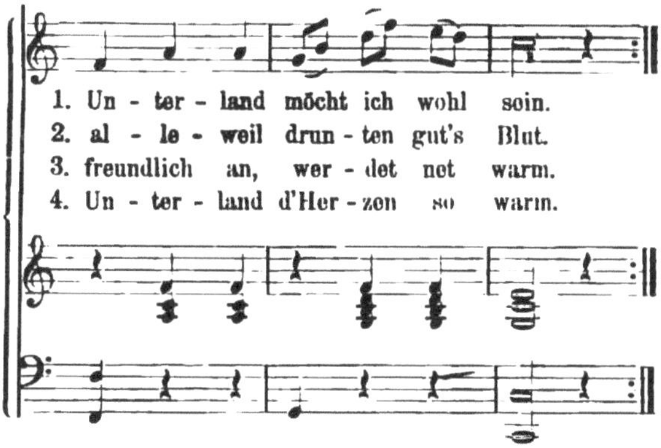
1. Un - ter - land möcht ich wohl sein.
2. al - le - weil drun - ten gut's Blut.
3. freundlich an, wer - det net warm.
4. Un - ter - land d'Her - zen so warm.

Den Text dieser heiteren, in Schwaben auch bei Tänzen üblichen Melodie, verdankt der Herausgeber dem früheren Seminaristen Gottfr. Weigle, gestorben 1855 als Missionär in Mangalore.

14. Aennchen von Tharau.

(Original-Composition von Silcher und Eigenthum des Verlegers.)

Ein- oder zweistimmig.

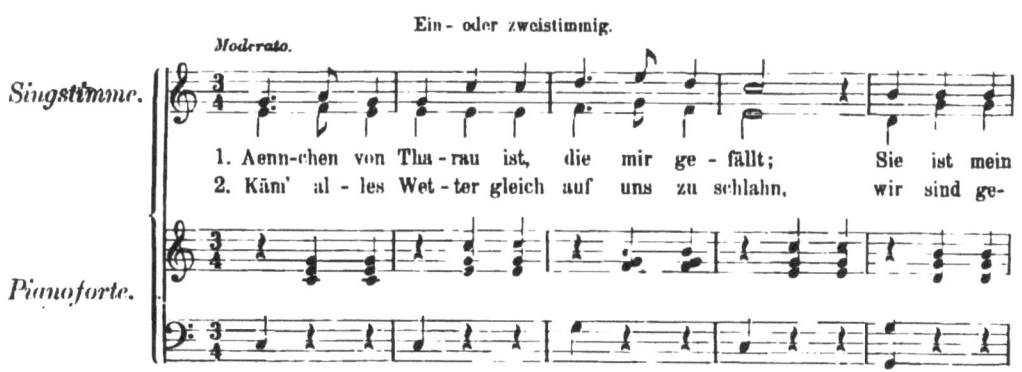

Moderato.
Singstimme.
Pianoforte.
1. Aenn-chen von Tha - rau ist, die mir ge - fällt; Sie ist mein
2. Käm' al - les Wet - ter gleich auf uns zu schlahn, wir sind ge-

3.

Recht als ein Palmenbaum über sich steigt,
Hat ihn erst Regen und Sturmwind gebengt;
So wird die Lieb' in uns mächtig und gross,
Nach manchen Leiden und traurigem Loos.
Aennchen von Tharau, mein Reichthum, mein Gut!
Du meine Seele, mein Fleisch und mein Blut!

4.

Würdest du gleich einmal von mir getrennt,
Lebtest da, wo man die Sonne kaum kennt;
Ich will dir folgen durch Wälder und Meer,
Eisen und Kerker und feindliches Heer,
Aennchen von Tharau, mein Licht, meine Sonn'! —
Mein Leben schliesst sich um deines herum!

Simon Dach, † 1659.

15. Herr Ulrich.

de! a - de, ich seh dich nim - mer - meh, a - de! a - de, ich seh dich nim - mer - meh!

4.
Ich hab' dich geliebet so lange Zeit,
O du liebe, liebe Seel',
O mein einziges Kind, o weh!
Und ich liebe dich heut und in Ewigkeit.
Und das Scheiden und das etc.

5.
Ihr Träger, lasset die Bahre stehn,
O du liebe, liebe Seel',
O mein einziges Kind, o weh!
Ich muss noch einmal mein Liebchen sehn.
Und das Scheiden und das etc.

6.
Und als er erhub den Deckel vom Sarg,
O du liebe, liebe Seel',
O mein einziges Kind, o weh!
Und den Kranz, der Anneli's Angesicht barg.
Und das Scheiden und das etc.

7.
Herr Ulrich auch kein Wörtlein sprach,
O du liebe, liebe Seel',
O mein einziges Kind, o weh!
Vor sehnendem Leid sein Herze brach.
Und das Scheiden und das etc.

Hoffmann von Fallersleben.

NB. Diese rührende Melodie stammt wohl aus der neueren Zeit.

16. Schwäbisch.

Ein- oder zweistimmig.

1. Vö-ge-le(n) im Tan-ne(n)wald pfeifet*) so hell! Vö-ge-len im
2. Vö-ge-len am küh-le(n) Bach pfeifet so süss! Vö-ge-len am

17

1. Tan-nen-wald pfei-fet so hell! pfei-fet de Wald aus und ei(n); wo wird mein
2. küh-len Bach pfei-fet so süss! pfei-fet de Bach auf und ab, bis i mein

1. Schä-tze-le sein? Vö-ge-len im Tan-nen-wald pfei-fet so hell.
2. Schä-tze-le hab'? Vö-ge-len am küh-len Bach pfei-fet so süss.

Ein älteres schwäbisches Volksliedchen, dessen Melodie man in neueren Sammlungen öfters verunstaltet findet.

*) Schwäbisch, für pfeifen.

17. Grenadier-Lied.
(Original-Composition von Silcher und Eigenthum des Verlegers.)

Ein- oder zweistimmig.

Singstimme. Lustig.

1. Steh' ich im Feld, mein ist die Welt! bin ich nicht Of-fi-zier,
2. Steh' ich im Feld, mein ist die Welt! hab' ich kein ei-gen Haus,
3. Steh' ich im Feld, mein ist die Welt! hab' ich kein Geld im Sack,

Pianoforte.

Silcher's ein- und zweistimmige deutsche Volkslieder.

3

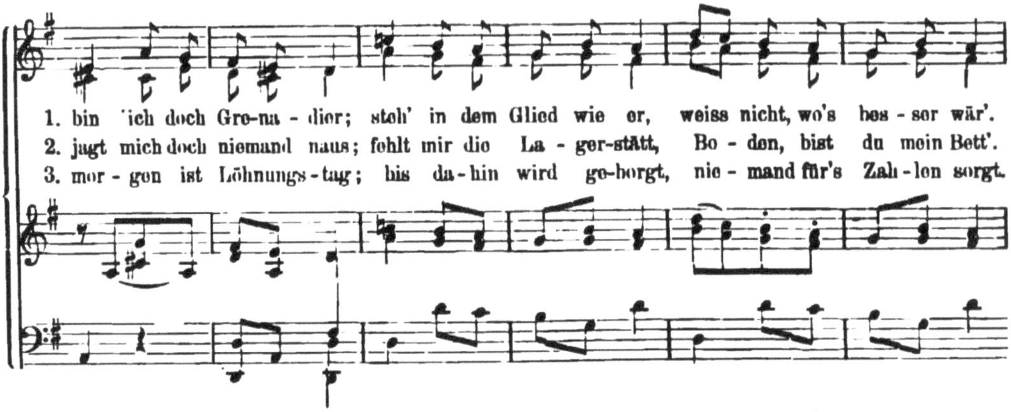

1. bin ich doch Grenadier; steh' in dem Glied wie er, weiss nicht, wo's besser wär'.
2. jagt mich doch niemand naus; fehlt mir die Lagerstätt, Boden, bist du mein Bett.
3. morgen ist Löhnungstag; bis dahin wird geborgt, niemand für's Zahlen sorgt.

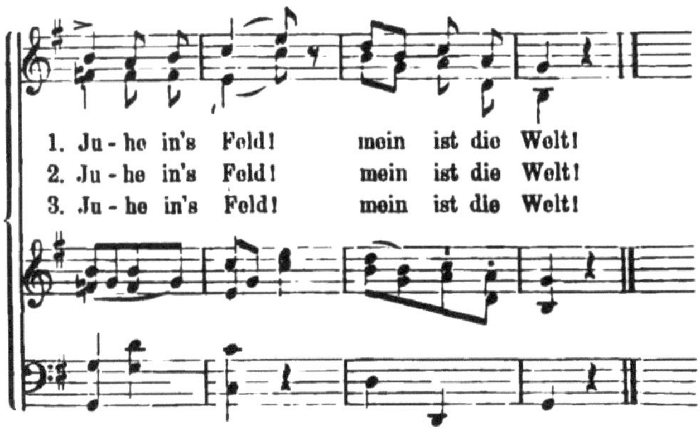

1. Juhe in's Feld! mein ist die Welt!
2. Juhe in's Feld! mein ist die Welt!
3. Juhe in's Feld! mein ist die Welt!

4.
Steh' ich im Feld,
Mein ist die Welt!
Hab' ich kein Geld im Sack,
Hab ich doch Rauchtabak;
Fehlt mir der Tabak auch,
Nusslaub giebt guten Rauch.
Juhe in's Feld!
Mein ist die Welt!

5.
Steh' ich im Feld,
Mein ist die Welt!
Kommen mir Zwei und Drei,
Haut mich mein Säbel frei!
Schiesst mich der Vierte todt,
Tröst' mich der liebe Gott!
Juhe in's Feld!
Mein ist die Welt!

Hebel.

18. Die Frühlingszeit.

Steiermärker Alpenlied.

1. Wenn der Schnee von der Alma wega geht, und im Frühjahr wieder alles
2. S'ist a Freud, wenn ma sieht die Sonn' aufgehn, und die Lerchla in der Höh' so
3. Wenn da Gamsbock lustig übern Stiegel springt, und die Schwagrinih-re schöne

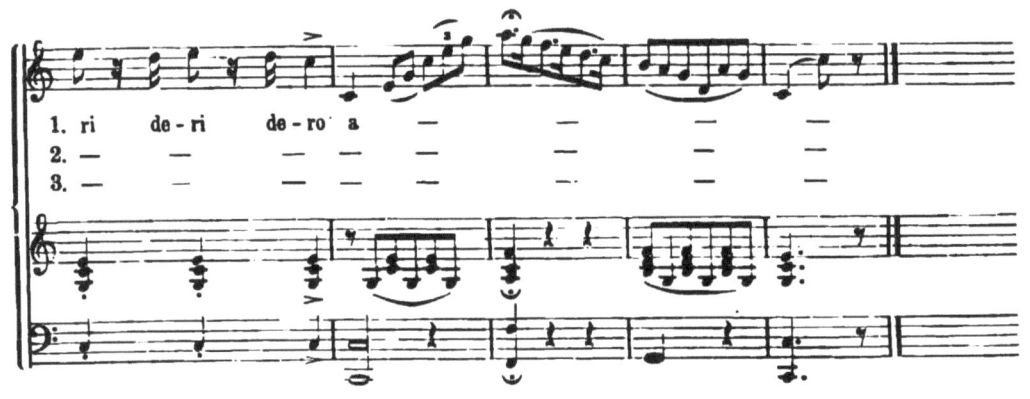

1. ri de-ri de-ro a — — — —
2. — — — — — — — —
3. — — — — — — — —

19. Untreue.

Andante.

Singstimme.

Pianoforte.

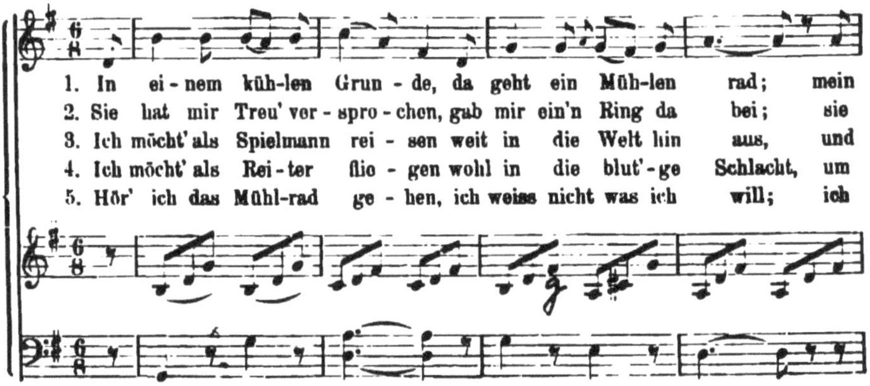
1. In ei-nem küh-len Grun-de, da geht ein Müh-len rad; mein
2. Sie hat mir Treu' ver-spro-chen, gab mir ein'n Ring da bei; sie
3. Ich möcht' als Spielmann rei-sen weit in die Welt hin aus, und
4. Ich möcht' als Rei-ter flie-gen wohl in die blut'-ge Schlacht, um
5. Hör' ich das Mühl-rad ge-hen, ich weiss nicht was ich will; ich

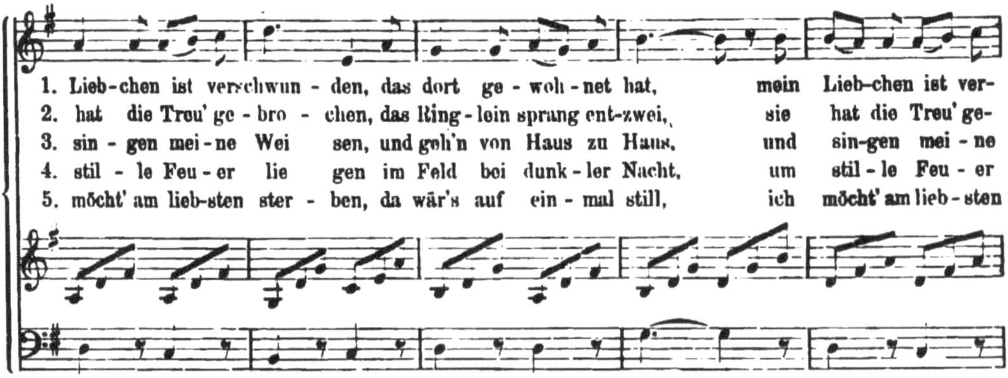
1. Lieb-chen ist verschwun-den, das dort ge-woh-net hat, mein Lieb-chen ist ver-
2. hat die Treu' ge-bro-chen, das Ring-lein sprang ent-zwei, sie hat die Treu' ge-
3. sin-gen mei-ne Wei sen, und geh'n von Haus zu Haus, und sin-gen mei-ne
4. stil-le Feu-er lie gen im Feld bei dunk-ler Nacht, um stil-le Feu-er
5. möcht' am lieb-sten ster-ben, da wär's auf ein-mal still, ich möcht' am lieb-sten

1. schwun - den, das dort ge - woh - net hat.
2. bro - chen, das Ring - lein sprang ent - zwei.
3. Wei - sen und gehn von Haus zu Haus.
4. lie - gen im Feld bei dunk - ler Nacht.
5. ster - ben, da wär's auf ein - mal still.

Diese vielgesungene Weise hat einen Tübinger Studenten Fried. Gluck (gest. 1841 als Pfarrer) zum Verfasser. Die ausdrucksvolle Stelle in die obere Octave hinauf (drittletzter Takt) rührt übrigens vom Volke her. Im Original lautet dieselbe wie zuvor im 6ten Takt. Auch diese Melodie ist in vielen Volksliedersammlungen bedeutend verstümmelt, z. B. im Commersliederbuch, Eisleben bei Kuhnt.

20. A d e.
(Original-Composition von Silcher und Eigenthum des Verlegers.)

Ein- oder zweistimmig.

Einfach und innig.

Singstimme.

1. A - de! es muss ge - schieden sein! reich' mir ein Gläs - chen küh - len Wein, reich'
2. A - de! es muss ge - schieden sein! a - de, du hel - ler Sonnenschein! und
3. A - de! es muss ge - schieden sein! o wei - ne nicht, fein's Lie - be - lein! es

Pianoforte.

1. mir ein weis - ses Semme - lein. A - de! a - de! den küh - len Wein, das Sem - me-
2. Mondenschein u. Sternenschein! a - de! a - de! du Son - nenschein und Mon - den-
3. muss von dir geschieden sein! a - de! a - de! es muss, es muss ge - schie - den

1. lein. A de! a - de! mir thut mein Herz so weh! mir thut mein Herz so weh!
2. schein, a de! a de! mir thut mein Herz so weh! mir thut mein Herz so weh!
3. sein! a - de! a - de! mir thut mein Herz so weh! mir thut mein Herz so weh!

Dichtung von E. M. Arndt.

21. Der Wirthin Töchterlein.

Ein- oder zweistimmig.

Singstimme.

Pianoforte.

1. Es zo - gen drei Bur-sche wohl ü - ber den Rhein, bei ei - ner Frau
2. „Mein Bier und Wein ist frisch und klar: mein Töch - ter - lein
3. Der er - ste schlug den Schlei - er zu - rück, und schau - te sie

1. Wir - thin, da kehr - ten sie ein, bei ei - ner Frau Wir - thin da kehr - ten sie
2. liegt auf der Tod - ten - bahr, mein Töch - ter - lein liegt auf der Tod - ten -
3. an mit trau - ri - gem Blick, und schau - te sie an mit trau - ri - gem

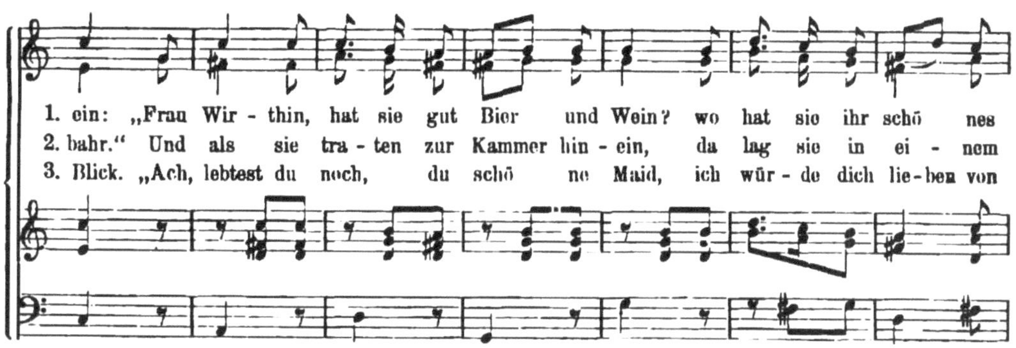
1. ein: „Frau Wir - thin, hat sie gut Bier und Wein? wo hat sie ihr schö nes
2. bahr.“ Und als sie tra - ten zur Kammer hin - ein, da lag sie in ei - nem
3. Blick. „Ach, lebtest du noch, du schö ne Maid, ich wür - de dich lie - ben von

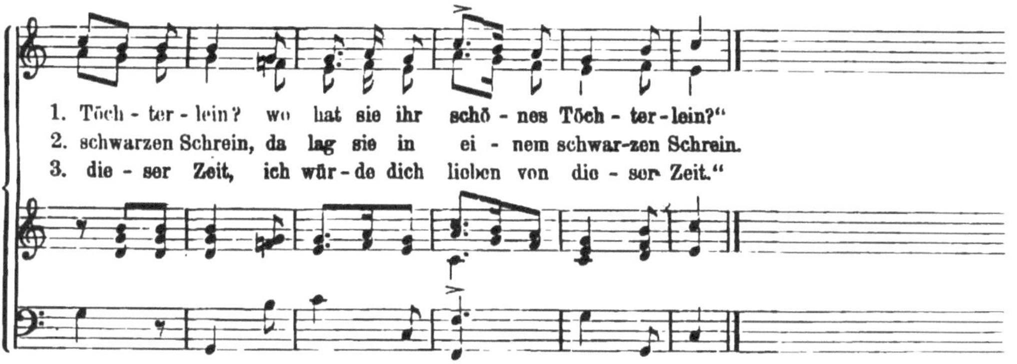
1. Töch - ter - lein? wo hat sie ihr schö - nes Töch - ter - lein?“
2. schwarzen Schrein, da lag sie in ei - nem schwar-zen Schrein.
3. die - ser Zeit, ich wür - de dich lieben von die - ser Zeit.“

4.

Der zweite deckte den Schleier zu,
Und kehrte sich ab und weinte dazu:
„Ach, dass du liegst auf der Todtenbahr!
Ich hab' dich geliebet so manches Jahr.“

5.

Der dritte hub ihn wieder sogleich,
Und küsste sie an den Mund so bleich:
„Dich liebt' ich immer, dich lieb' ich noch heut,
Und werde dich lieben in Ewigkeit!“

Uhland.

Um diese Melodie — früher nur aus den 12 ersten Takten bestehend — nicht zu oft wiederholen zu müssen, komponirte der Herausgeber noch einen 2ten Theil (Frau Wirthin, hat sie etc.) hinzu.

22. Soldaten-Abschied.

Ein- oder zweistimmig

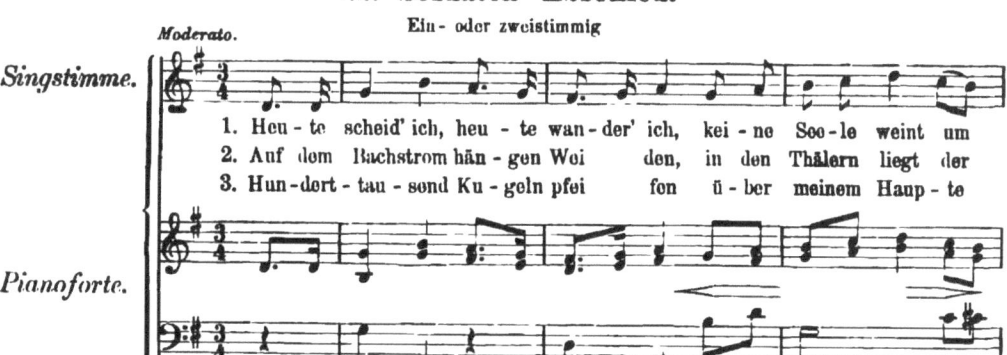

Moderato.
Singstimme.
1. Heu - te scheid' ich, heu - te wan - der' ich, kei - ne See - le weint um
2. Auf dem Bachstrom hän - gen Wei den, in den Thälern liegt der
3. Hun - dert - tau - send Ku - geln pfei fen ü - ber meinem Haup - te
Pianoforte.

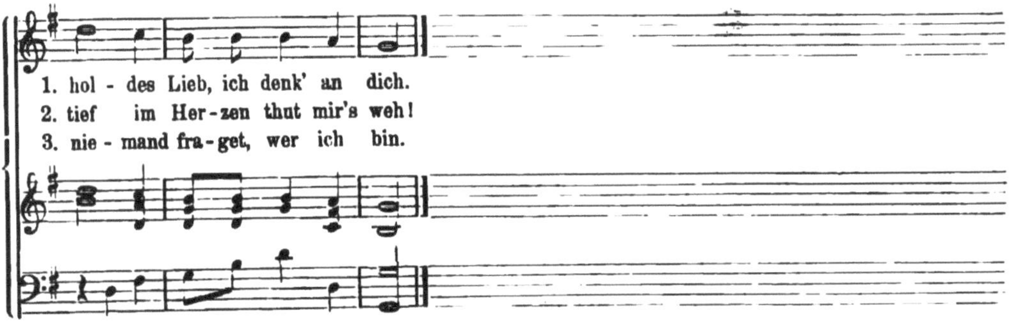

1. mich. Sind's nicht die - se, sind's doch an - de - re, die da trau - ern, wenn ich wan - de - re,
2. Schnee; trau - tes Kind, dass ich muss schei - den, muss nun uns - re Hei - math mei - den,
3. bin; wo ich fall, scharrt man mich nie - der, oh - ne Klang und oh - ne Lie - der,

1. hol - des Lieb, ich denk' an dich.
2. tief im Her - zen thut mir's weh!
3. nie - mand fra - get, wer ich bin.

4.
Du allein wirst um mich weinen,
Siehst du meinen Todtenschein.
Trautes Kind, sollt' er erscheinen,
Thu' im Stillen um mich weinen,
Und gedenk auf immer mein!

5.
Hörst? die Trommel ruft, zu scheiden;
Drück' ich dir die weisse Hand!
Still' die Thränen, lass mich scheiden!
Muss nun für die Ehre streiten,
Streiten für das Vaterland!

6.
Sollt' ich unterm freien Himmel
Schlafen in der Feldschlacht ein,
Soll aus meinem Grabe blühen,
Soll auf meinem Grabe glühen
Blümchen süss: Vergiss nicht mein!

Fr. Müller.

Zweistimmig: Sind's nicht die - se, sind's doch an - de - re

Eine beliebte, volksthümliche Weise von Fr. Ernst Fesca, welche im Original bei den Worten: „holdes Lieb, ich denk an dich," mit einem 2taktigen Sätzchen schliesst, das vom Volk in ein 3taktiges verwandelt wurde, wodurch der Schluss der Melodie erst den rechten Ausdruck erhielt, nämlich:

Fesca (vom 6. Takt an). — Zweier.
die da trau - ern, wenn ich wan - dre, hol - des Lieb, ich denk' an dich!

Das Volk. — Dreier.
die da trau - ern, wenn ich wan - de - re, hol - des Lieb, ich denk' an dich.

24. Matrosenlied.

1. Auf dem Meer bin ich geboren, auf dem Meere ward ich gross; zu dem Meer hab' ich geschworen, es zur ew'gen Braut erkoren; sinket drum des Todes Loos, auf dem Meer stirbt der Matros', auf dem Meer stirbt der Matros'.

2. Schwingt der Mai die Sonnenflügel durch den heitern Sommertag, ziehen rebengrüne Hügel längs des Wassers Silberspiegel, sing' ich bei dem Ruderschlag seinen hellen Furchen nach, seinen hellen Furchen nach.

3. Stürmt, den Winter zu verkünden, durch die Nächte wild der Nord, rauscht die Fluth aus tiefen Gründen, wenn die Sternlein bleich verschwinden, spring' ich keck von Bord zu Bord, kühn zur That, wie treu im Wort, kühn zur That, wie treu im Wort.

4.
Kracht der Kiel dann auch zusammen,
Ich halt' aus in letzter Stand';
Unter Masten, Schutt und Flammen
Bet' ich still zum Schicksal: Amen!
Blick' hinunter in den Schlund
Und fahr' mit dem Schiff zu Grund.

5.
Unten schlaf ich, doch nicht immer,
Denn der Himmel ist kein Spott;
Einst erweckt im Morgenschimmer
Auch der Herr die lecken Trümmer,
Und vom Stapel frank und flott
Läuft dahin ein neues Boot.

6.
Aus dem Meere ew'ger Rosen
Winkt des Leuchtthurms goldner Strahl,
Und es landen die Matrosen
Als willkommne Festgenossen,
Wo im heil'gen Heldensaal
Thront der grosse Admiral.

25. Der Schäfer.

(Original-Composition von Silcher und Eigenthum des Verlegers.)

Ein- oder zweistimmig.

1. Der schöne Schäfer zog so nah vorüber an dem Königsschloss, die Jungfrau von der Zinne sah, da war ihr Sehnen gross.
2. Sie rief ihm zu ein süsses Wort: „o dürft' ich gehn hinab zu dir! wie glänzen weiss die Lämmer dort, wie roth die Blümlein hier!"
3. Der Jüngling ihr entgegen bot: „o kämest du herab zu mir! wie glänzen so die Wänglein roth, wie weiss die Arme dir!"

4.
Und als er nun mit stillem Weh
In jeder Früh vorüber trieb;
Da sah er hin, bis in der Höh'
Erschien sein holdes Lieb.

5.
Dann rief er freundlich ihr hinauf:
„Willkommen, Königstöchterlein!"
Ihr süsses Wort ertönte drauf:
„Viel Dank, du Schäfer mein!"

6.
Der Winter floh, der Lenz erschien.
Die Blümlein blühten reich umher,
Der Schäfer thät zum Schlosse ziehn.
Doch sie erschien nicht mehr.

7.
Er rief hinauf so klagevoll:
„Willkommen Königstöchterlein!"
Ein Geisterlaut herunter scholl:
„Ade, du Schäfer mein!"

Dichtung von Uhland.

4.

Loset was i euch will sage!
D'Glocke het Eins gschlage.
Und wo mit Satans Gheiss und Roth
E Dieb auf dunkle Pfade goht,
I will's net hoffe, aber gschieht's —
Gang heim! der himmlisch Richter sieht's.

5.

Loset, was i euch will sage!
D'Glocke het Zwei gschlage.
Und wem scho wieder, eh's no tagt,
Die schwere Sorg' am Herze nagt,
Du armer Tropf, dei Schlof is hi'!
Gott sorgt! Es wär' net nöthig gsi'.

6.

Loset, was i euch will sage!
D'Glocke het Drei gschlage.
Die Morgestund am Himmel schwebt,
Und wer im Friede de Tag erlebt,
Dank Gott, und fass e frohe Muth,
Und gang an's Gschäft, und halt di gut!

Dichtung von Hebel; die Melodie ist aus der Gegend, in welcher die Hebel'sche (allemannische) Mundart gesprochen wird.

29. Abschied.

(Original-Composition von Silcher und Eigenthum des Verlegers.)

Singstimme.

Pianoforte.

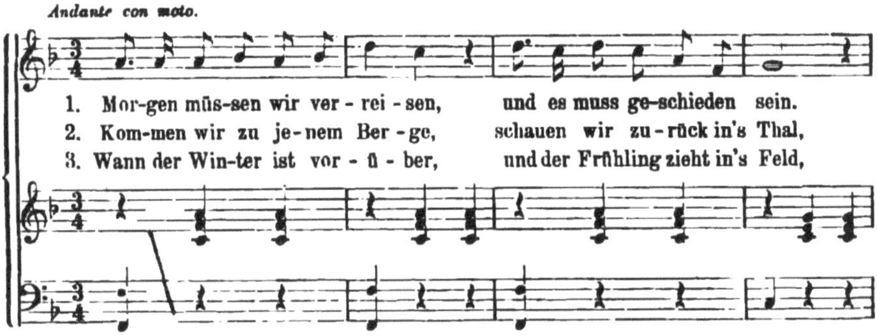
Andante con moto.
1. Mor-gen müs-sen wir ver - rei - sen, und es muss ge-schieden sein.
2. Kom-men wir zu je-nem Ber - ge, schauen wir zu-rück in's Thal,
3. Wann der Win-ter ist vor - ü - ber, und der Frühling zieht in's Feld,

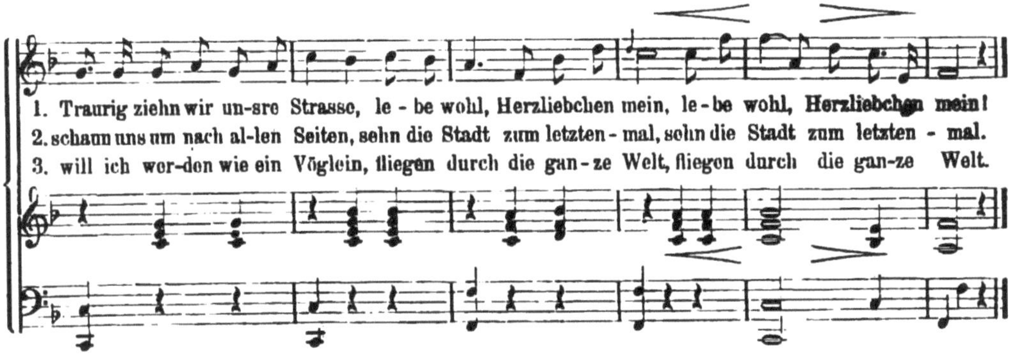
1. Traurig ziehn wir un-sre Strasse, le - be wohl, Herzliebchen mein, le - be wohl, Herzliebchen mein!
2. schaun uns um nach al-len Seiten, sehn die Stadt zum letzten - mal, sehn die Stadt zum letzten - mal.
3. will ich wer-den wie ein Vöglein, fliegen durch die gan - ze Welt, fliegen durch die gan-ze Welt.

4.

Dahin fliegen will ich wieder,
Wo's mir lieb und heimisch war,
Schätzlein, muss ich heut' auch wandern,
Kehr' ich heim doch über's Jahr.

5.

Ueber's Jahr, zur Zeit der Pfingsten,
Pflanz' ich Maien dir an's Haus,
Bringe dir aus weiter Ferne
Einen frischen Blumenstrauss!

30. Der Schweizerbu.

Singstimme.

Pianoforte.

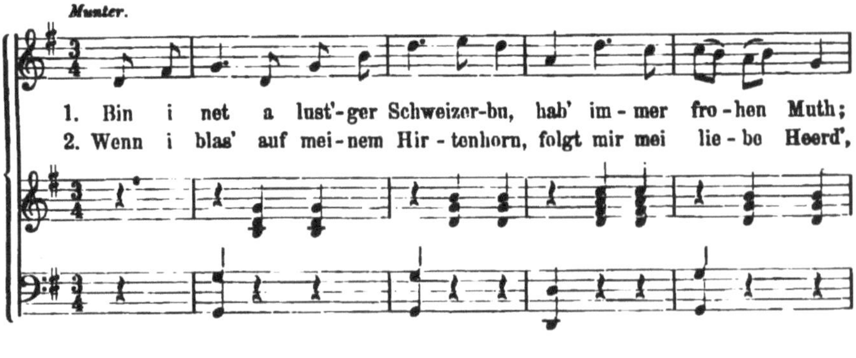
Munter.
1. Bin i net a lust'-ger Schweizer-bu, hab' im - mer fro - hen Muth;
2. Wenn i blas' auf mei-nem Hir - tenhorn, folgt mir mei lie - be Heerd',

35

2.
Die schönste Jungfrau sitzet
Dort oben wunderbar,
Ihr gold'nes Geschmeide blitzet,
Sie kämmt ihr gold'nes Haar.
Sie kämmt es mit gold'nem Kamme,
Und singt ein Lied dabei;
Das hat eine wundersame,
Gewaltige Melodei.

3.
Den Schiffer im kleinen Schiffe
Ergreift es mit wildem Weh;
Er schaut nicht die Felsenriffe,
Er schaut nur hinauf in die Höh'.
Ich glaube, die Wellen verschlingen
Am Ende Schiffer und Kahn;
Und das hat mit ihrem Singen
Die Lore-Ley gethan.

Dichtung von Heine.

32. Schäferleben.
(Original-Composition von Silcher und Eigenthum des Verlegers.)

Ein- oder zweistimmig.

1. Nichts kann auf Erden verglichen werden des Schäfers
2. Bei kühlen Brunnen, bei heisser Sonnen bestrahlet
3. Bald geh ich leyren, bald wieder feyren durch's tiefe
4. Um's Schäferleben soll man gern geben, ich weiss nicht

33. Liebesschmerz.

(Original-Composition von Silcher und Eigenthum des Verlegers.)

1. Dicht von Fel-sen ein-ge-schlossen, wo die stil-len Bächlein gehn,
2. Hat sie dich ja doch ver-stos-sen, und sie war so süss und schön!
3. Hof-fend, und ich ward ver-stos-sen, Bit-ten zeigten nur Verschmähn —

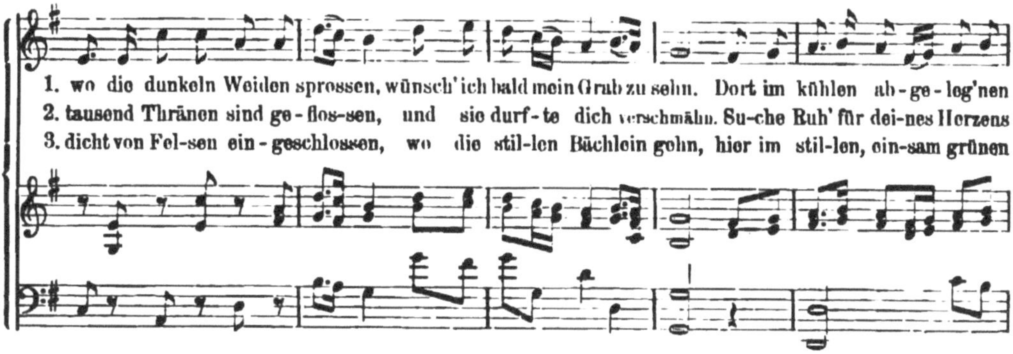
1. wo die dunkeln Weiden sprossen, wünsch' ich bald mein Grab zu sehn. Dort im kühlen ab-ge-leg'nen
2. tausend Thränen sind ge-flos-sen, und sie durf-te dich verschmähn. Su-che Ruh' für dei-nes Herzens
3. dicht von Fel-sen ein-geschlossen, wo die stil-len Bächlein gehn, hier im stil-len, ein-sam grünen

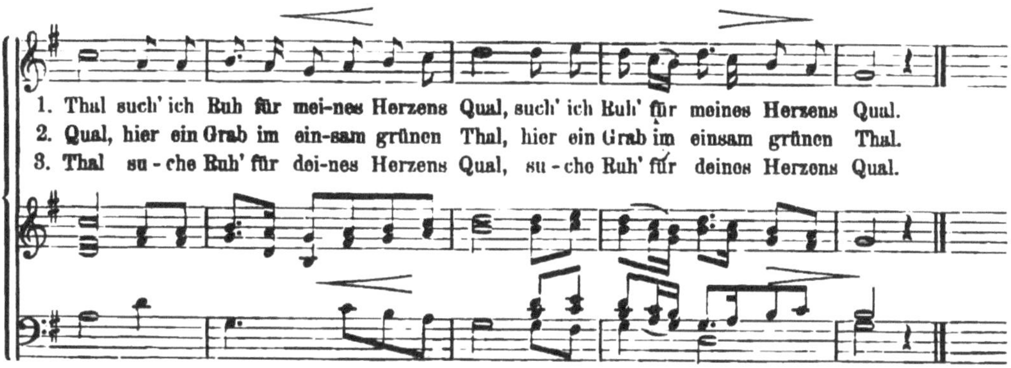
1. Thal such' ich Ruh für mei-nes Herzens Qual, such' ich Ruh' für meines Herzens Qual.
2. Qual, hier ein Grab im ein-sam grünen Thal, hier ein Grab im einsam grünen Thal.
3. Thal su-che Ruh' für dei-nes Herzens Qual, su-che Ruh' für deines Herzens Qual.

Dichtung von Tieck.

34. Treue Liebe.

Ein- oder zweistimmig

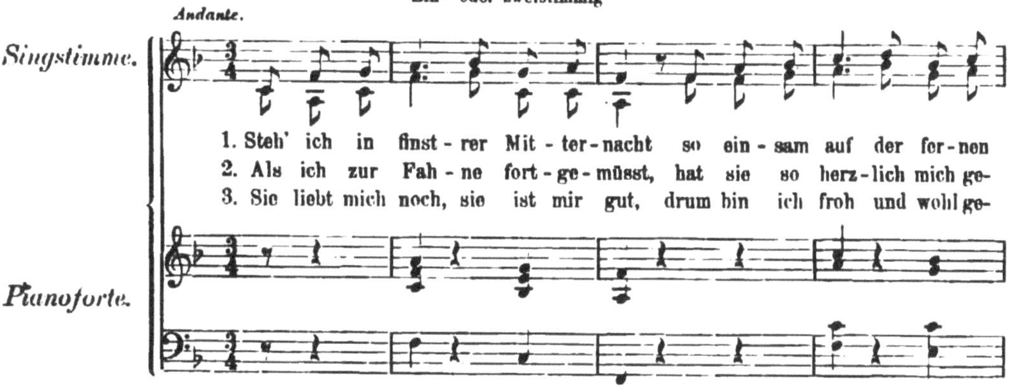
Andante.
Singstimme.
1. Steh' ich in finst-rer Mit-ter-nacht so ein-sam auf der fer-nen
2. Als ich zur Fah-ne fort-ge-müsst, hat sie so herz-lich mich ge-
3. Sie liebt mich noch, sie ist mir gut, drum bin ich froh und wohl ge-
Pianoforte.

4.

Jetzt bei der Lampe mildem Schein
Gehst du wohl in dein Kämmerlein,
Und schickst dein Nachtgebet zum Herrn,
Auch für den Liebsten in der Fern'.

5.

Doch, wenn du traurig bist und weinst,
Mich von Gefahr umrungen meinst:
Sei ruhig, bin in Gottes Hut,
Er liebt ein treu Soldatenblut.

6.

Die Glocke schlägt, bald naht die Rund,
Und löst mich ab zu dieser Stund';
Schlaf wohl im stillen Kämmerlein,
Und denk in deinen Träumen mein.

Dichtung von W. Hauff.

35. Minnelied.

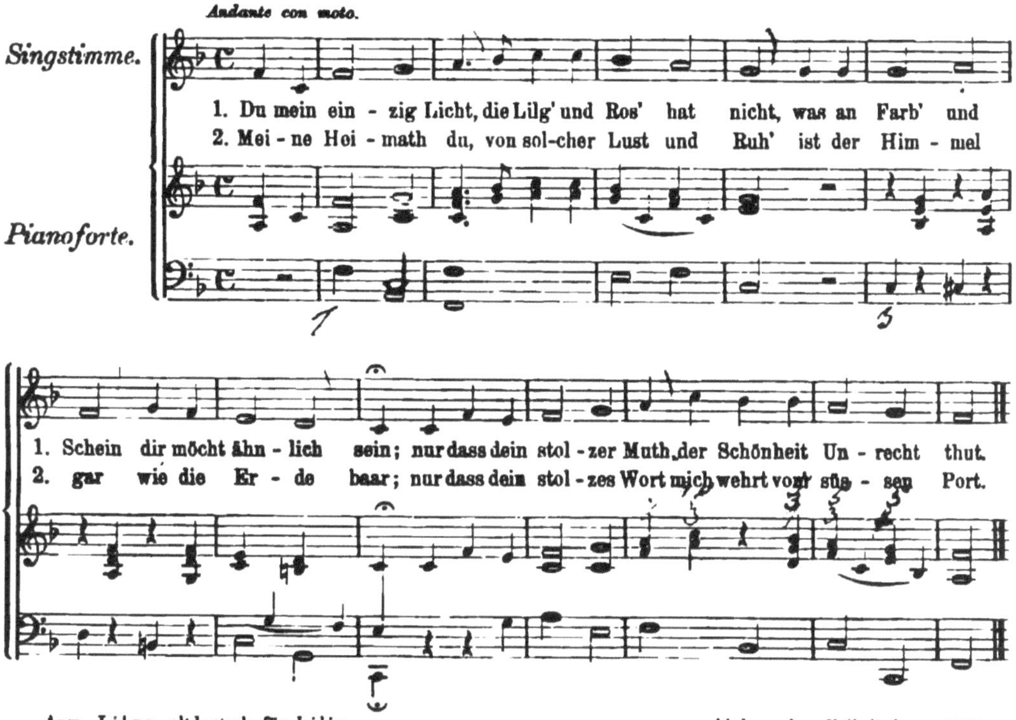

Andante con moto.

1. Du mein ein-zig Licht, die Lilg' und Ros' hat nicht, was an Farb' und Schein dir möcht ähn-lich sein; nur dass dein stol-zer Muth, der Schönheit Un-recht thut.
2. Mei-ne Hei-math du, von sol-cher Lust und Ruh' ist der Him-mel gar wie die Er-de baar; nur dass dein stol-zes Wort mich wehrt vom süs-sen Port.

Anm. Lilge, altdeutsch für Lilie.

Altdeutsches Volkslied von 1640.

36. Soldatenlied.

Ein- oder zweistimmig.

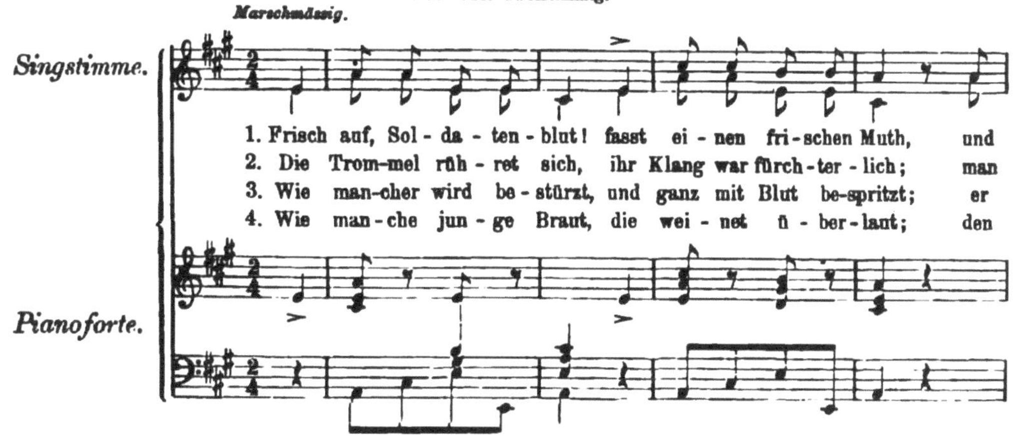

Marschmässig.

1. Frisch auf, Sol-da-ten-blut! fasst ei-nen fri-schen Muth, und
2. Die Trom-mel rüh-ret sich, ihr Klang war fürch-ter-lich; man
3. Wie man-cher wird be-stürzt, und ganz mit Blut be-spritzt; er
4. Wie man-che jun-ge Braut, die wei-net ü-ber-laut; den

40

1. lasst euch nicht er-schüt-tern, wenn die Ka-no-nen wit-tern; schla-get nur
2. sah schier kei-nen Bo-den vor Ster-ben-den und Tod-ten; da liegt ein
3. lo-get sei-ne Hän-de, und den-ket an sein En-de. Sein Lauf ist
4. sie so sehr thät lie-ben, ist in der Schlacht ge-blie-ben, sein Lauf ist

1. tap-fer drein, ich will der Vor-de-re sein.
2. Fuss, ein Arm, ach, dass es Gott er-barm'!
3. nun vollbracht; ach, Jüng-ling, gu-te Nacht!
4. nun vollbracht; ach, Jüng-ling, gu-te Nacht!

Volkslied vom Fusse der schwäbischen Alb.

37. Böse Zeit.

(Original-Composition von Silcher und Eigenthum des Verlegers.)

Schwäbisch. Ein- oder zweistimmig.

Wehmüthig.

Singstimme.

1. Die Schwälble zie-het*) fort, zie-het fort, weit an en an-dre,
2. Könnt' i no fort durch d'Welt, fort durch d'Welt, weil mir's hie gar net,

Pianoforte.

41

1. an dre Ort, und i sitz do in Traurig-keit, es isch e bö-se, schwere
2. gar net g'fällt. O Schwälb-le komm, i bitt, i bitt, zeig mir de Weg und nimm mi

1. Zeit, es isch e bö se, schwe re Zeit!
2. mit, zeig mir de Weg — und nimm mi mit!

*) Schwäbisch für ziehen.

Text von dem früheren Tübinger Seminaristen Fr. Richter, später Stadtpfarrer in Württemberg, dem Verfasser der Volkslieder: „Drauss ist alles so prächtig" und „Am Neckar."

38. Schlachtlied.
(Original-Composition von Silcher und Eigenthum des Verlegers.)

Ein- oder zweistimmig.

Gehalten und fest.

Singstimme.

1. Kein schön'rer Tod ist in der Welt, als wer vom Feind er-schlagen auf
2. Manch' frommer Held mit Freudig-keit hat zu-ge-setzt Leib u. Blu-te, starb
3. Mit Trommelklang und Pfeifen-getön manch frommer Held ward begra-ben, auf

Pianoforte.

Silcher's ein- und zweistimmige deutsche Volkslieder.

1. grüner Haid', im frei-en Feld, darf nicht hör'n gross Weh-klagen; im en-gen Bett nur Ein'r al-lein muss
2. sel'gen Tod auf grüner Haid', dem Va-ter-land zu gu-te. Kein schön'rer Tod ist in der Welt, als
3. grüner Haid', ge fall'n so schön, unsterblichen Ruhm thut er haben. Kein

1. an den To-des-rei-hen, hier a-ber find't er Ge-sellschaft fein, fall'n mit wie Kräu-ter im Mai-en.
2. wer vor'm Feind erschlagen, auf grüner Haid' im frei-en Feld, darf nicht hör'n gross Weh-kla-gen.
3.

Diese alte Dichtung — nach Herder die letzte Strophe aus einem langen Schlachtliede — ist in neuerer Zeit in gleiche Strophen abgetheilt worden, wodurch dieselbe dem volksthümlichen Gesange zugänglicher wurde.

39. Abschied.

Schwäbisch. Ein- oder zweistimmig.

Gemässigt.

Singstimme.

1. Jetzt rei-sen wir zum Thor hin-aus, a-de! jetzt rei-sen wir zum
2. Ei, Mädchen, lass dein Schau-en sein, a-de! ei, Mädchen, lass dein
3. Kann es für-wahr nicht an-ders sein, a-de! kann es für-wahr nicht
4. Die Händlein rei-chen, das thut weh, a-de! die Händ-lein rei-chen

Pianoforte.

43

1. Thor hin-aus, a - de! jetzt rei-sen wir zum Thor hin-aus, da schaut mein Lieb zum
2. Schau-en sein, a - de! ei, Mädchen, lass dein Schau-en sein, es kann für-wahr nicht
3. an-ders sein, a - de! kann es für-wahr nicht an-ders sein, so reich mir dei-ne
4. das thut weh, a - de! die Händ-lein rei-chen, das thut weh, ich seh mein Lieb jetzt

1. Fen-ster 'raus, a - de, a - de, a - de!
2. an-ders sein, a - de, a - de, a - de!
3. Hän-de-lein, a - de, a - de, a - de!
4. nim-mer-meh, a - de, a - de, a - de!

40. Der Soldat.

(Original-Composition von Silcher und Eigenthum des Verlegers.)

Ein - oder zweistimmig.

Im Tempo eines Trauermarsches.

Singstimme.

1. Es geht bei gedämpf-ter Trommel Klang; wie weit noch die Stät-te! der

Pianoforte.

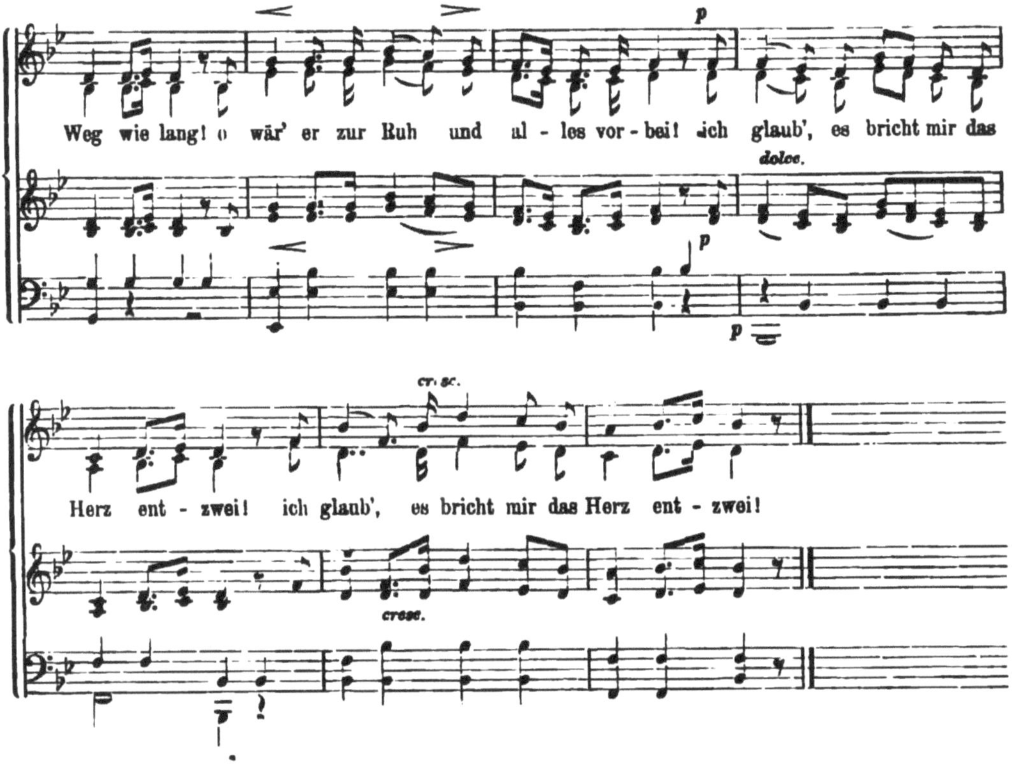

(Wegen der Silbenungleichheit dieses Liedes werden die beiden Singstimmen auch den übrigen Versen zur Erleichterung für die Singenden hier beigesetzt.)

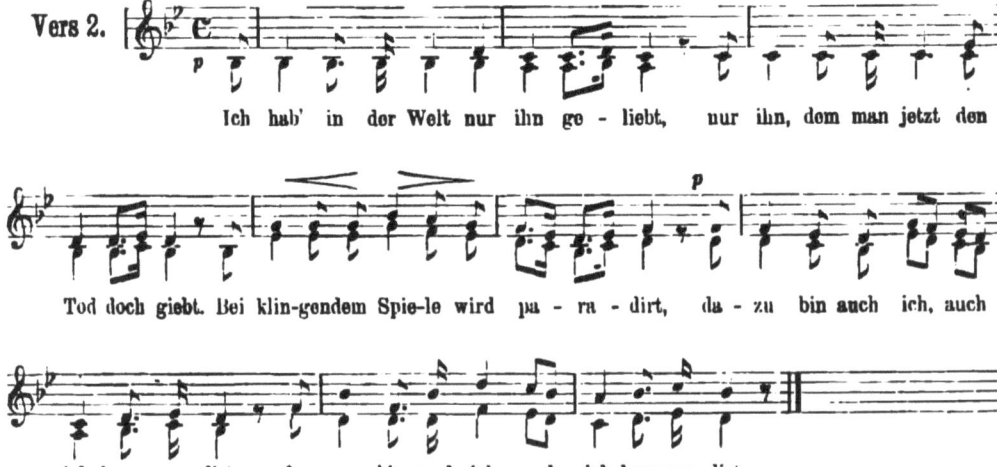

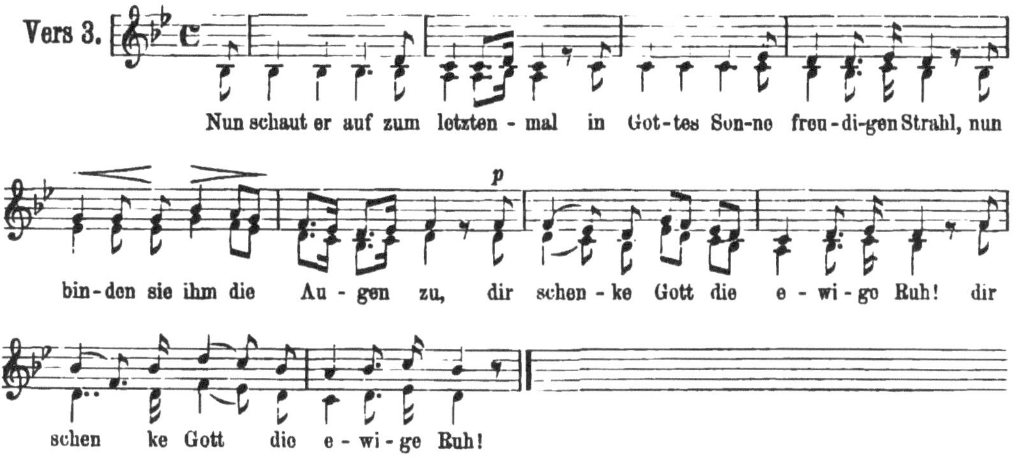
Vers 3.
Nun schaut er auf zum letzten - mal in Got-tes Son-ne freu-di-gen Strahl, nun
bin-den sie ihm die Au - gen zu, dir schen - ke Gott die e - wi - ge Ruh! dir
p
schen ke Gott die e - wi - ge Ruh!

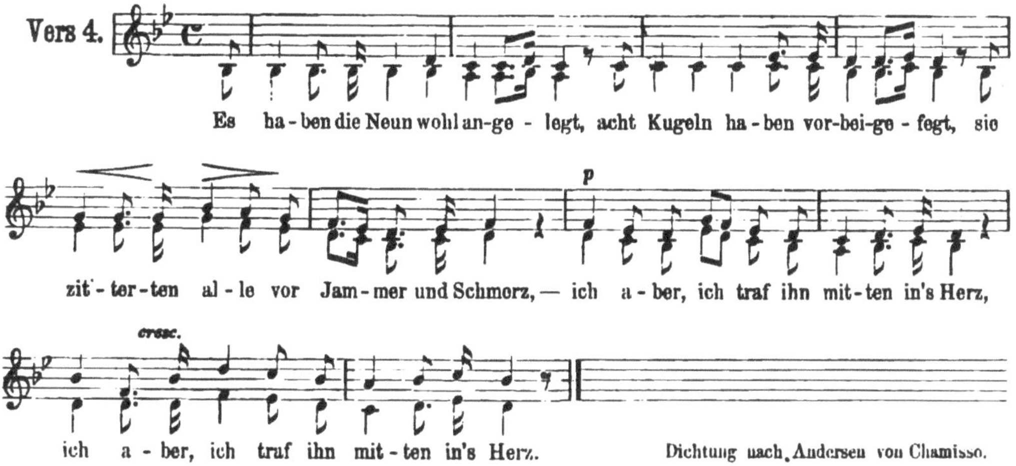
Vers 4.
Es ha-ben die Neun wohl an-ge - legt, acht Kugeln ha-ben vor-bei-ge - fegt, sie
zit-ter-ten al - le vor Jam-mer und Schmerz, — ich a - ber, ich traf ihn mit-ten in's Herz,
p
cresc.
ich a - ber, ich traf ihn mit-ten in's Herz.

Dichtung nach Andersen von Chamisso.

41. Altes Minnelied.

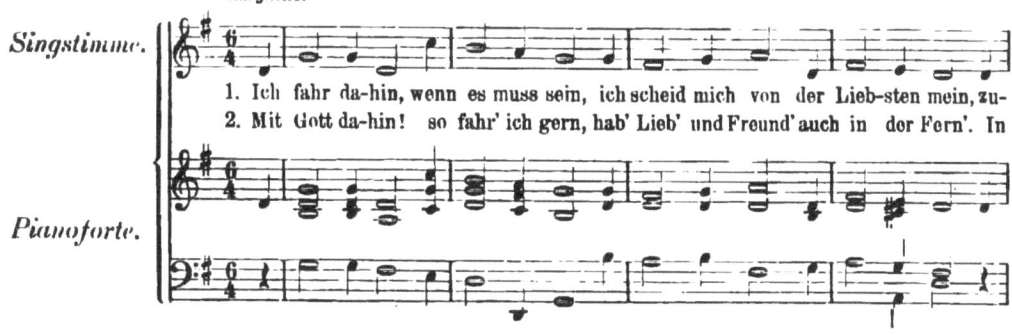

Larghetto.
Singstimme.
Pianoforte.
1. Ich fahr da-hin, wenn es muss sein, ich scheid mich von der Lieb-sten mein, zu-
2. Mit Gott da-hin! so fahr' ich gern, hab' Lieb' und Freund' auch in der Fern'. In

1. Jetzt lass ich ihr s'Her-ze mein, die-weil ich leb', so soll es sein. Ich fahr' da-
2. trü-ber Nacht, ohn' Mond noch Stern, scheint mir mein Licht vom Aug' des Herrn. Mit Gott da-

1. hin, ich fahr' da hin!
2. hin, mit Gott da hin!

Zweite Strophe von Hermann Kurz.

42. Böhmisches Volkslied.

Ein- oder zweistimmig.

Andante con moto.

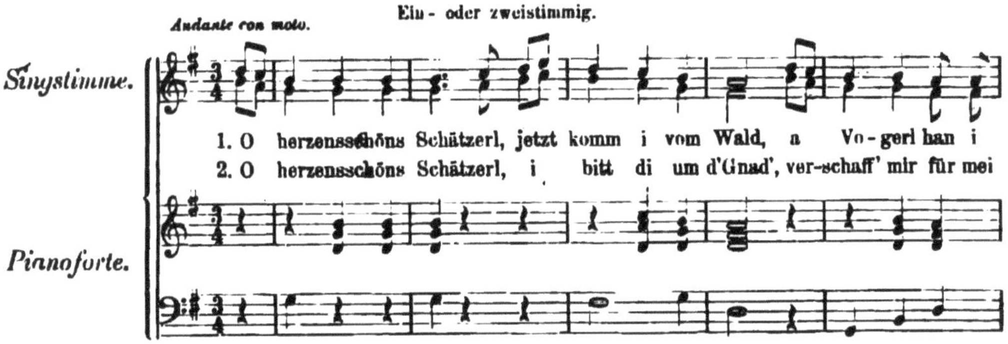

Singstimme.

Pianoforte.

1. O herzensschöns Schätzerl, jetzt komm i vom Wald, a Vo-gerl han i
2. O herzensschöns Schätzerl, i bitt di um d'Gnad', ver-schaff' mir für mei

1. g'fan-ge im grü-ne Wald, hat sich hin und her g'schwunge, auf's Nä-sterl hin-
2. Vö-gerl a Häuserl von Draht, thu dar-auf net ver-ges-se a Näpfel zum

1. g'setzt, hat g'schwiebelt, hat g'sun-ge, hat's Schnaberl au g'wetzt, g'wetzt, g'wetzt, g'wetzt.
2. Trank, a Brö-ckel zum Fres-se, dass mir's net werd krank, krank, krank, krank!

43. Die Soldatenbraut.

(Original-Composition von Silcher und Eigenthum des Verlegers.)

Ein- oder zweistimmig.

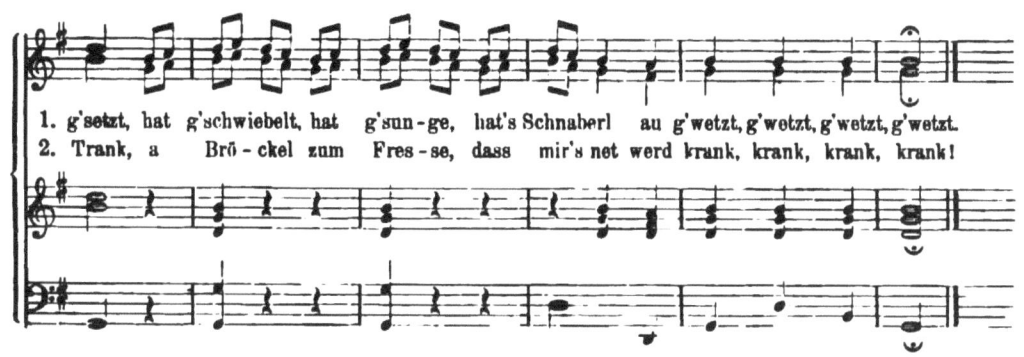

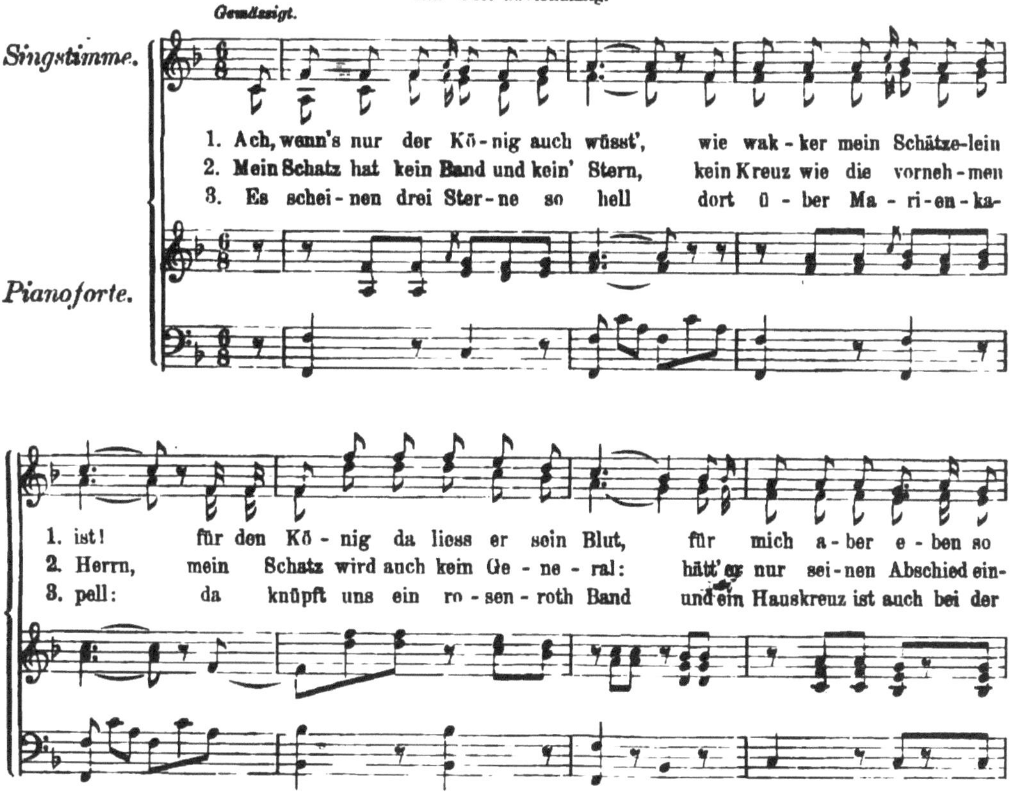
Gemässigt.
Singstimme.
Pianoforte.
1. Ach, wenn's nur der Kö-nig auch wüsst', wie wak-ker mein Schätze-lein
2. Mein Schatz hat kein Band und kein' Stern, kein Kreuz wie die vorneh-men
3. Es schei-nen drei Ster-ne so hell dort ü-ber Ma-ri-en-ka-
1. ist! für den Kö-nig da liess er sein Blut, für mich a-ber e-ben so
2. Herrn, mein Schatz wird auch kein Ge-ne-ral: hätt' er nur sei-nen Abschied ein-
3. pell: da knüpft uns ein ro-sen-roth Band und ein Hauskreuz ist auch bei der

1. gut —, für mich a-ber e-ben so gut.
2. mal —, hätt' er nur sei-nen Abschied ein-mal.
3. Hand —, und ein Hauskreuz ist auch bei der Hand.

Dichtung von Ed. Mörike.

44. Oberschwäbisches Tanzliedchen.

Bewegung eines Ländlers.

Singstimme.

Pianoforte.

1. Ro - se-stock, Hol-der-blüth', wenn i mei Dien-derl sieh, lacht mer vor
2. G'sich - terl, wie Milch und Blut, s'Dienderl ist gar so gut, um und um
3. Ar - merl, so ku-gel-rund, Lip-pe, so frisch und g'sund, Füs-serl, so
4. Wenn i in's dun-kel-blau, fun-kelnd-hell Au-gerl schau, mein i, i

1. lau - ter Freud' s'Har-zerl im Leib. La la la, la la la, la la la la la la la,
2. do - kerl-nett, wenn i's no hätt! La —
3. hurtig g'schwind, s'tanzt wie der Wind. La —
4. schau in mei Him-mel-reich 'nei. La —

1. la la la, la la la, la la la la.
2. la
3. la —

45. Der Jäger aus Kurpfalz.

Ein- oder zweistimmig.

lustig.

Singstimme.

Pianoforte.

1. Ein Jä-ger aus Kur-pfalz, der rei-tet durch den grü-nen Wald, er
2. Knapp, satt-le mir mein Ross, und leg' dar-auf den Man-tel-sack, so
3. Jetzt reit' ich nicht mehr heim, bis dass der Ku-kuk, Ku-kukschreit, er

1. schiesst das Wildpret her, gleich wie es ihm ge-fällt. Ju, ja, ju! ja lus-tig ist die
2. reit' ich hin und her als Jä-ger aus Kur-pfalz. Ju,
3. schreit die gan-ze Nacht all-hier auf grü-ner Haid. Ju,

46. Bairisches Volksliedchen.

47. Die drei Schwestern.

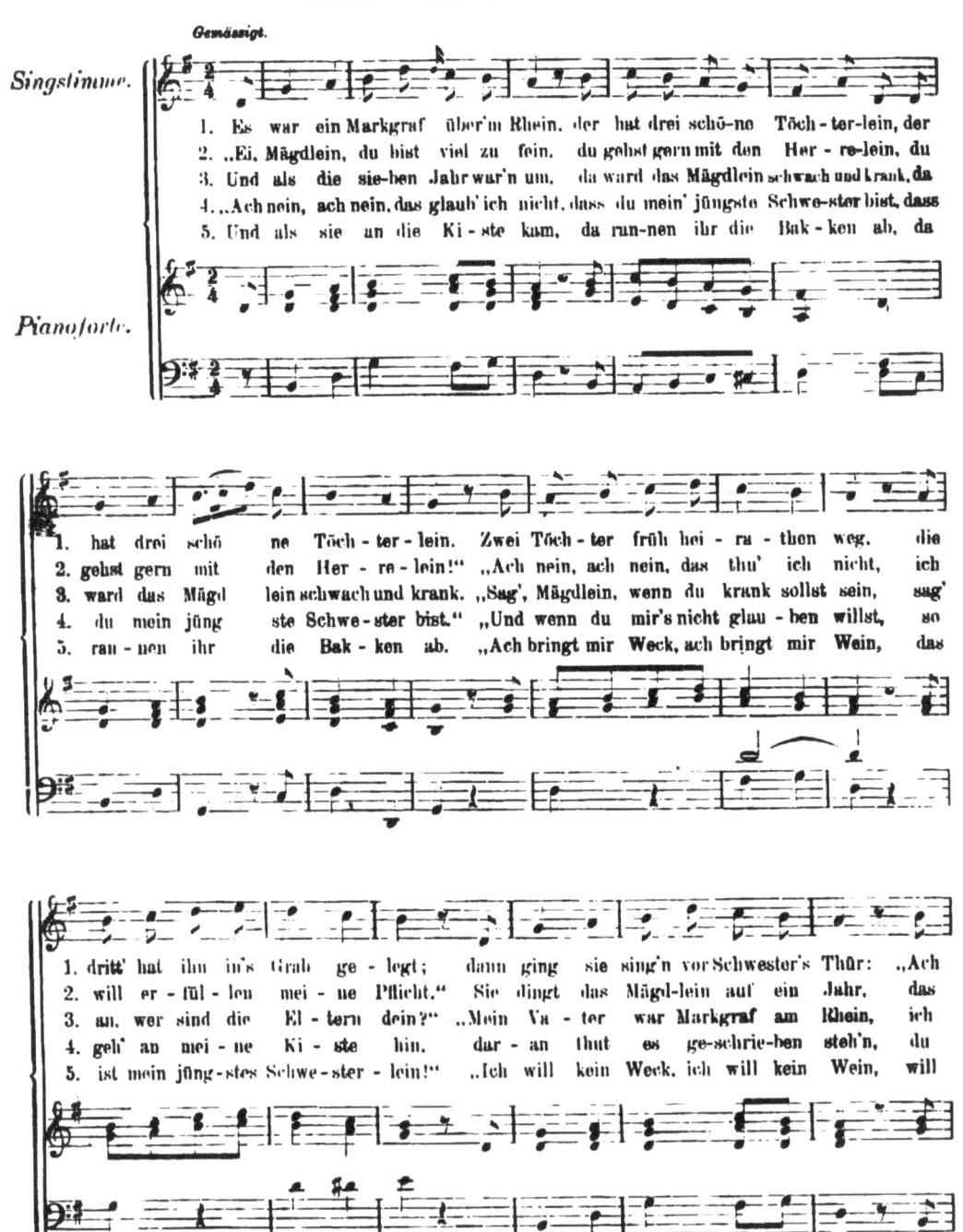

1. braucht ihr kei - ne Dienstmagd hier, ach braucht ihr kei - ne Dienst-magd hier?"
2. Mägd-lein dient ihr sie-ben gar, das Mägd-lein dient ihr sie-ben gar.
3. bin sein jüng-stes Töch-ter-lein, ich bin sein jüng-stes Töch-ter-lein."
4. kannst's mit dei-nen Au-gen seh'n, du kannst's mit dei-nen Au-gen seh'n."
5. nur ein klei-nes Sär-ge-lein, will nur ein klei-nes Sär-ge-lein."

Diese Melodie bestand ursprünglich nur aus den ersten 8 Takten, da die Strophen zweizeilig waren. Um nun die vielen Wiederholungen zu vermeiden, wurden vom Herausgeber Takt 9 bis 15 als zweiter Theil eingeschaltet und hierauf die ersten 8 Takte wiederholt, wodurch das Ganze erst seine rechte Gestalt und Rundung erhielt.

48. Die drei Röselein,
oder das schwäbische Brünnele.

Ein- oder zweistimmig

Andante. (*Wehmüthig**).

Singstimme.

1. Jetzt gang i an's Brün-ne-le, trink a-ber net, jetzt gang i an's
2. Do lass i meine Aeu-ge-lein um und um gehn, do lass i meine
3. Und bei m'en Andre ste-he sehn, ach, das thut weh! und bei m'en Andre
4. Jetzt kauf i mir Din-te und Fed'r und Pa-pier, jetzt kauf i mir

Pianoforte.

1. Brün-ne-le, trink a-ber net; do such i mei herz-tau-si-ge Schatz, find'n a - ber
2. Aeu-ge-lein um und um gehn, do sieh 'ni mein herz-tau-si-ge Schatz bei m'en An - dre
3. ste-he sehn, ach, das thut weh! jetzt b'hüt di Gott, herz-tau-si-ger Schatz, dih b'sieh 'ni nimme
4. Din-te und Fed'r und Pa-pier, und schreib meim herz-tau-si-ge Schatz ei-nen Ab-schieds-

5.
Jetzt leg i mi nieder auf's Heu und auf's Stroh,
Do falle drei Röselein mir in den Schoos

6.
Und diese drei Röselein sind blutig roth, :,:
Jetzt weiss i net, lebt mein Schatz oder ist er todt :,:

*) Vers 1 mittelmässig stark, 2 etwas piano, 3 etwas stärker, 4 noch stärker und bewegter, 5 piano und wieder langsamer, 6 pianissimo und noch etwas langsamer als 5.

Die punktirte Note Takt 9 und 11 auf „do" ist nach ihrem vollen Werth auszuhalten, wofern das Lied nicht um allen Ausdruck gebracht werden soll.

49. O wie herbe ist das Scheiden.
(Original-Composition von Silcher und Eigenthum des Verlegers.)

Ein- oder zweistimmig.

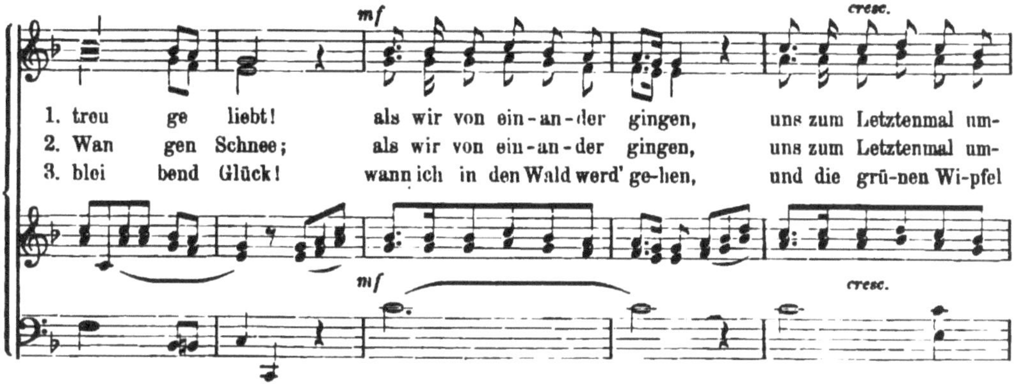
mf
cresc.
1. treu ge liebt! als wir von ein-an-der gingen, uns zum Letztenmal um-
2. Wan gen Schnee; als wir von ein-an-der gingen, uns zum Letztenmal um-
3. blei bend Glück! wann ich in den Wald werd' ge-hen, und die grü-nen Wi-pfel
mf
cresc.

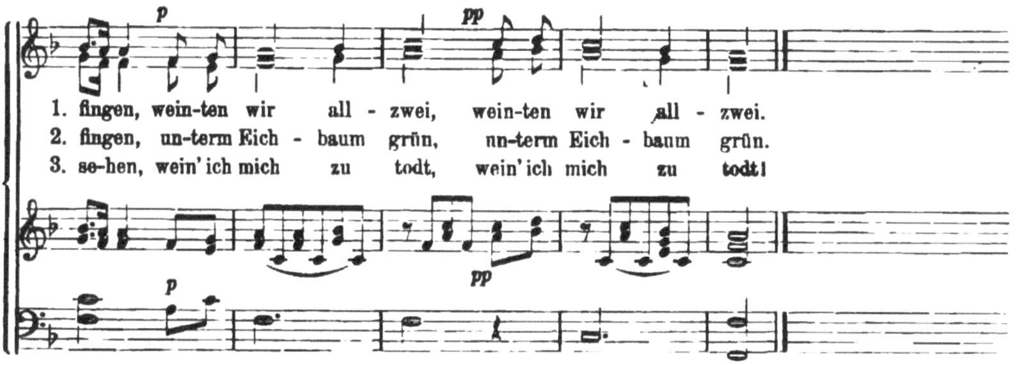
p
pp
1. fingen, wein-ten wir all - zwei, wein-ten wir all - zwei.
2. fingen, un-term Eich - baum grün, un-term Eich - baum grün.
3. se-hen, wein' ich mich zu todt, wein' ich mich zu todt!
pp
p

50. Schweizerlied.

Allegretto.
Singstimme.
1. Uf'm Ber - gli bin i g'ses-se, ha de Vög - li zu - ge-schaut; hänt ge-
2. In ä Gar - te bin i g'stande, ha de Im - bli zu - ge-schaut; hänt ge-
3. Uf de Wie - se bin i gan - ge, lugt' i Som-mer - vög-le a; hänt ge-
4. Und da kommt nu der Han - sel, und da zeig i em froh, wie sie's
Pianoforte.

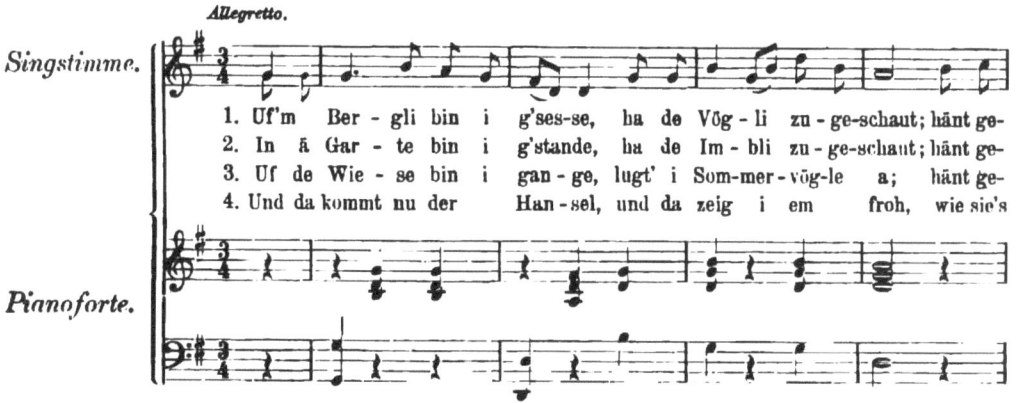

1. sun - ge, hänt ge - sprunge, hänt ge - sunge, hänt ge - sprun - ge, hänt's Nest - li ge - baut.
2. brummet, hänt ge - summet, hänt ge - brummet, hänt ge - sum - met, hänt Zel - li ge - baut.
3. so - ge, hänt ge - flo - ge, hänt ge - so - ge, hänt ge - flo - ge, gar z'schön hänt's ge - than.
4. ma - che und mer la - che, wie sie's ma - che, und mer la - che, und ma - che's au so.

Schweizerlied überarbeitet von Göthe.

51. Hoffe das Beste.
(Original-Composition von Silcher und Eigenthum des Verlegers.)

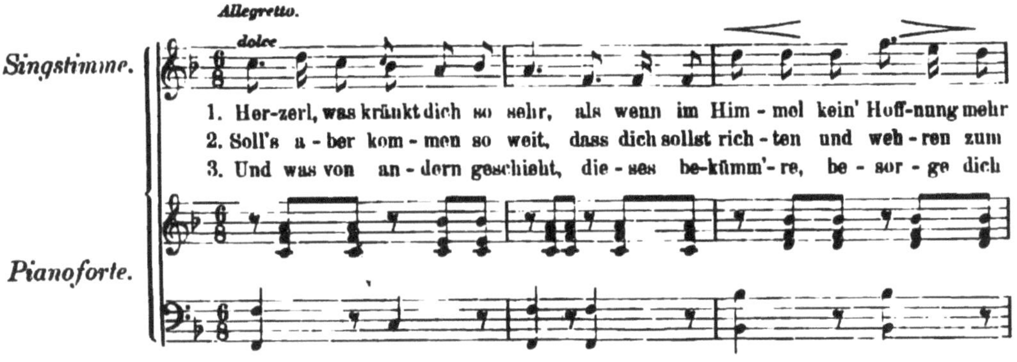

Allegretto.

Singstimme.
Pianoforte.

1. Her-zerl, was kränkt dich so sehr, als wenn im Him - mel kein' Hoff-nung mehr
2. Soll's a - ber kom - men so weit, dass dich sollst rich - ten und weh - ren zum
3. Und was von an - dern geschieht, die - ses be - kümm'- re, be - sor - ge dich

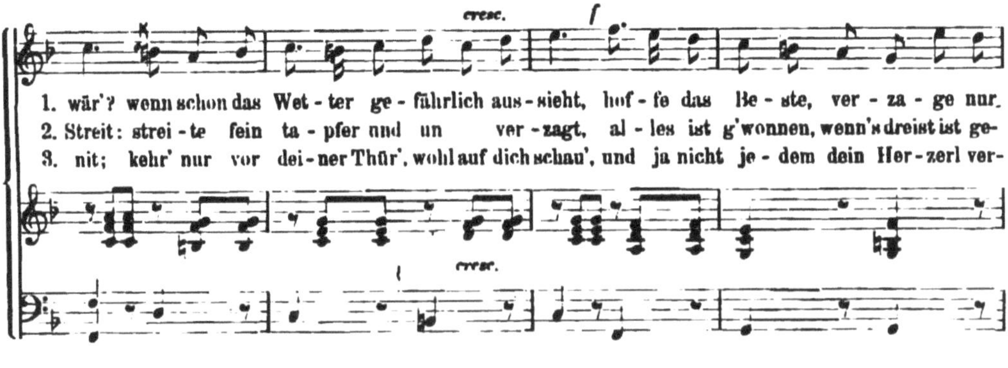

1. wär'? wenn schon das Wet - ter ge - führlich aus - sieht, hof - fe das Be - ste, ver - za - ge nur
2. Streit: strei - te fein ta - pfer und un ver - zagt, al - les ist g'wonnen, wenn's dreist ist ge -
3. nit; kehr' nur vor dei - ner Thür', wohl auf dich schau', und ja nicht je - dem dein Her-zerl ver -

57

1. nit. Sagt man ja ins-ge-mein, sagt man ja in's-ge-mein: auf Re - gen, auf
2. wagt. Sagt man ja, dass im Krieg, sagt man ja, dass im Krieg die Lor - beer'n
3. trau; blas' nicht, was dich nicht brennt, blas' nicht, was dich nicht brennt, so wirst du

1. Re - gen folgt Son - nen - schein.
2. wach - sen und blü - he der Sieg.
3. froh — sein bis an dein End'.

2. Soll's a - ber etc.
3. Und was von etc.

52. Beim Ausmarsch.
Ein- oder zweistimmig.

Feierlich, nicht zu langsam.

Vers 1. Brü - der, Brü - der, wir zie - hen in den Krieg, wer kann
Vers 2. Ach Gott, ach Gott, wie ist der Him - mel so roth! ro - sen -
Vers 3. Jetzt rei - ten wir zum Thor hin - aus, Va - ter,

Gesang.

Pianoforte.

Silcher's ein- und zweistimmige deutsche Volkslieder

1. sagen, was geschieht, wer wird den Tag erforschen, wer wird den Tag erforschen, wann wir ziehen in den Krieg?
2. roth wie eine Gluth, das bedeutet Soldatenblut, das bedeutet Soldatenblut, erbarm' sich Gott!
3. Mutter, einen Gruss nach Haus! Wann kommen wir wiedrum zusammen, wann kommen wir wiedrum zusammen? – In der Ewigkeit!

Dieses nach Text und Melodie ergreifende Lied ist unter dem württembergischen Militär zu Hause. Der Schluss wird auch in folgender Weise gesungen:

wann wir ziehen in den Krieg?

Die oben gegebene Weise ist offenbar die volksthümlichere.

53. Böhmisches Volkslied.

54. Jägerlied.

Ein- oder zweistimmig.

1. Fah-ret hin, fah-ret hin, Gril-len geht mir aus dem Sinn! Bru-der mein, schenk uns ein, lass uns lu-stig sein! Drum ihr Gril-len wei-chet weit, die ihr mei-ne Ruh' zerstreut; ich bin nicht so er-picht, der auf Gril-len dicht't.
2. Gril-li-sir'n, phanta-sir'n, muss aus meinem Kopf marschir'n, wo man blas't, tra-rah blas't in dem Wald-pal-last: und ich sag', es bleibt da-bei, lu-stig ist die Jä-ge-rei, so im Wald sich auf-halt, bis das Herz er-kalt.

4.

Haasen, Füchs', Dachse, Lüchs'
Schiess' ich oft mit meiner Büchs'.
Das vertreibt manches Leid, manche Traurigkeit.
Löwen, Bären, Pantherthier,
Wilde Schwein' und Tigerthier
Sind nicht frei vor dem Blei edler Jägerei.

5.

He juchhe! Hirsch und Reh
Dorten ich von ferne seh';
Eins davon, weiss ich schon, wird mir bald zum Lohn.
Drum, ihr Götter, gebet zu,
Dass ich ja nicht fehlen thu!
Puff u. Knall! dass es schall', dass das Hirschlein fall'!

1. la, la la la, la la la, la la la, la la la.
2. — — — — — — — — —
3. — — — — — — — — —
4. — — — — — — — — —

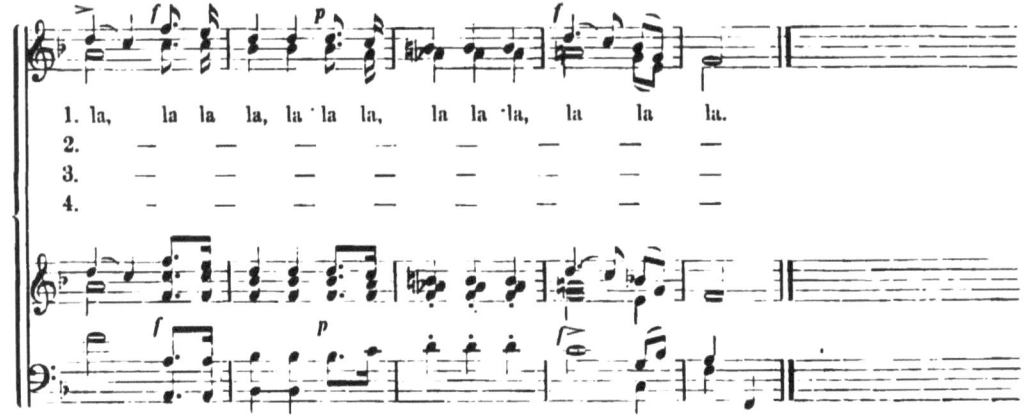

56. Die Auserwählte.

Schwäbisch.

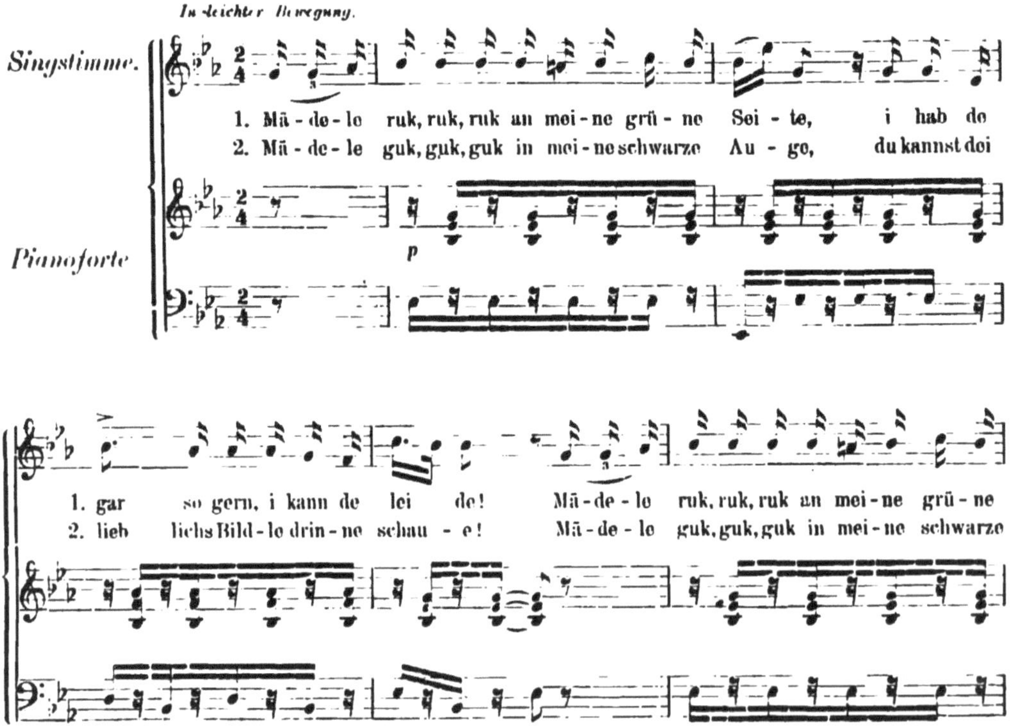
In leichter Bewegung.
Singstimme.
Pianoforte
1. Mä - de - le ruk, ruk, ruk an mei - ne grü - ne Sei - te, i hab de
2. Mä - de - le guk, guk, guk in mei - ne schwarze Au - ge, du kannst dei
1. gar so gern, i kann de lei de! Mä - de - le ruk, ruk, ruk an mei - ne grü - ne
2. lieb lichs Bild - le drin - ne schau - e! Mä - de - le guk, guk, guk in mei - ne schwarze

3.

Mädele du, du, du musst mir den Trauring gebe,
Denn sonst liegt mir ja nix mehr an mein'm Lebe;
Wenn i di net krieg, gang i fort in Krieg,
Wenn i di net hab', ist mir d'Welt a Grab.
Mädele du, du, du musst mir den Trauring gebe,
Denn sonst liegt mir ja nix mehr an mein'm Lebe.

57. Hirtenliebe.

(Original-Composition von Silcher und Eigenthum des Verlegers.)

Schwäbisch. Ein- oder zweistimmig.

1. Komm mit mir in's Thä - le, 's ist heim - lich und still; am Bäch - le ist's schat - tig, ist's duf - tig und mild, da wei - den mei - ne Läm - mer, pfeift Stär - le sein Lied: o her - zi - ge An - ne, wie han de so lieb!

2. Sieh da drü - ben ist's lu - stig, ma tanzt, pfeift und singt, und i bin so trau - rig, mein Herz mir zerspringt; und du kannst de freu - e, wärst au gern da - bei, i will der's net weh - re, du bist ja no frei.

3. A de lie - be An - ne, meine Läm - mer sind fern, se blö - cket, jetzt gang i, sieh, die hänt mi gern. Du kannst mi net lei - de, sonst gingst du net fort, doch muss i di lie - be, und halt' dir mei Wort.

Der Text zu dieser Melodie ist vom mittleren Neckar.

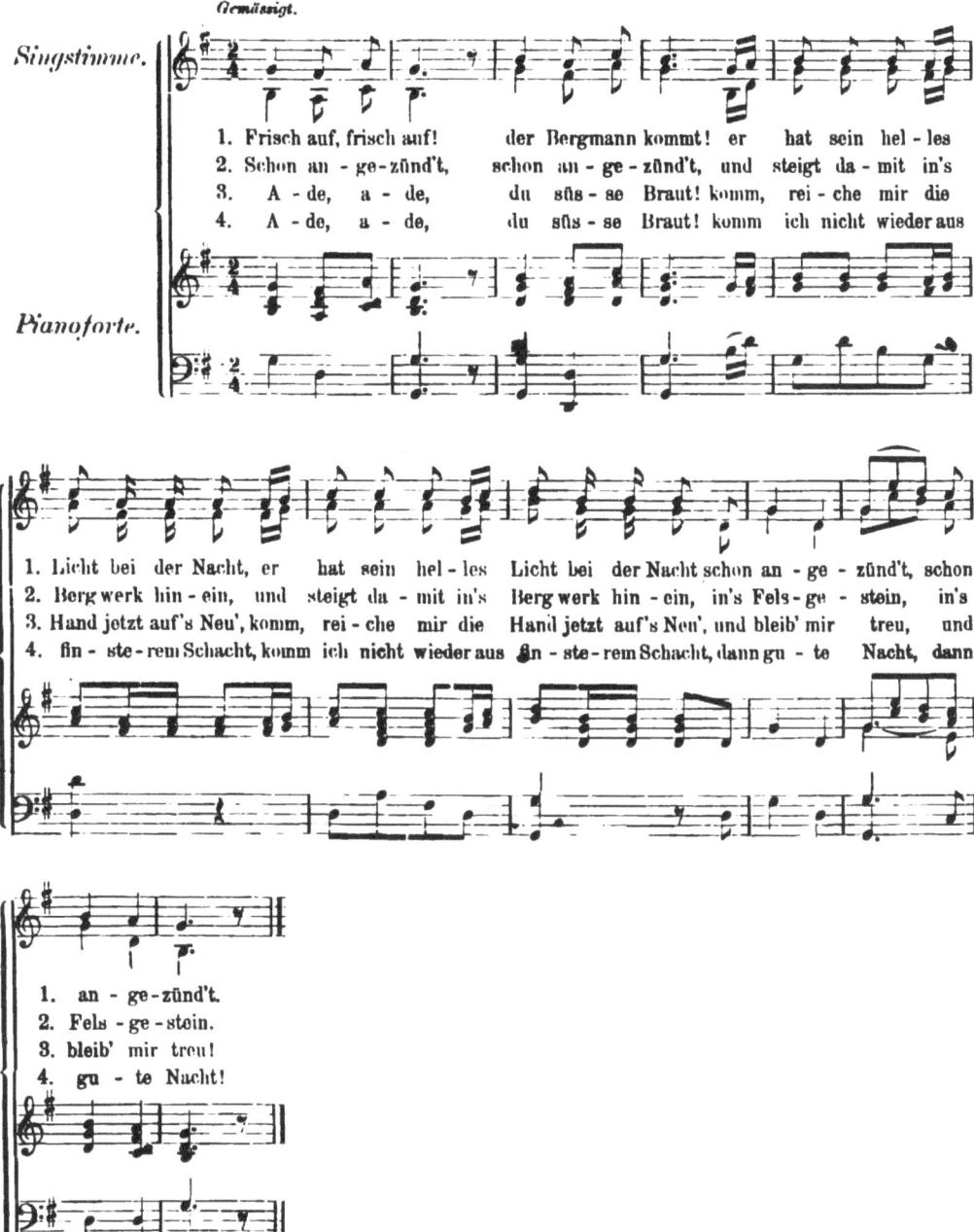

59. Der Lindenbaum.

1. Am Brunnen vor dem Thore, da steht ein Lindenbaum, ich träumt' in seinem Schatten so manchen süssen Traum; ich schnitt in seine Rinde so manches liebe Wort, es zog in Freud und Leide zu ihm mich immer fort, zu ihm mich immer fort.

2. Ich musst auch heute wandern vorbei in tiefer Nacht, da hab' ich noch im Dunkeln die Augen zugemacht. Und seine Zweige rauschten, als riefen sie mir zu: komm her zu mir Geselle, hier find'st du deine Ruh', hier find'st du deine Ruh'.

3. Die kalten Winde bliesen mir grad in's Angesicht, der Hut flog mir vom Kopfe, ich wendete mich nicht. Nun bin ich manche Stunde entfernt von jenem Ort, und immer hör' ich's rauschen: du fändest Ruhe dort, du fändest Ruhe dort.

Text von Wilh. Müller; Melodie nach Franz Schubert.

60. Oesterreichisches Volkslied.

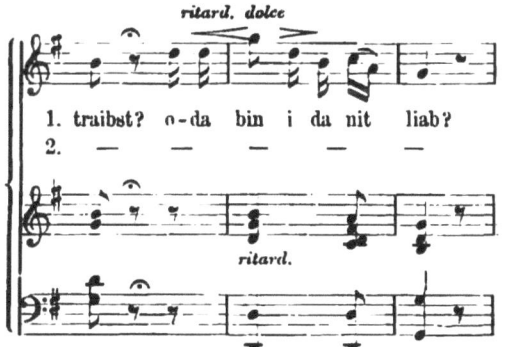

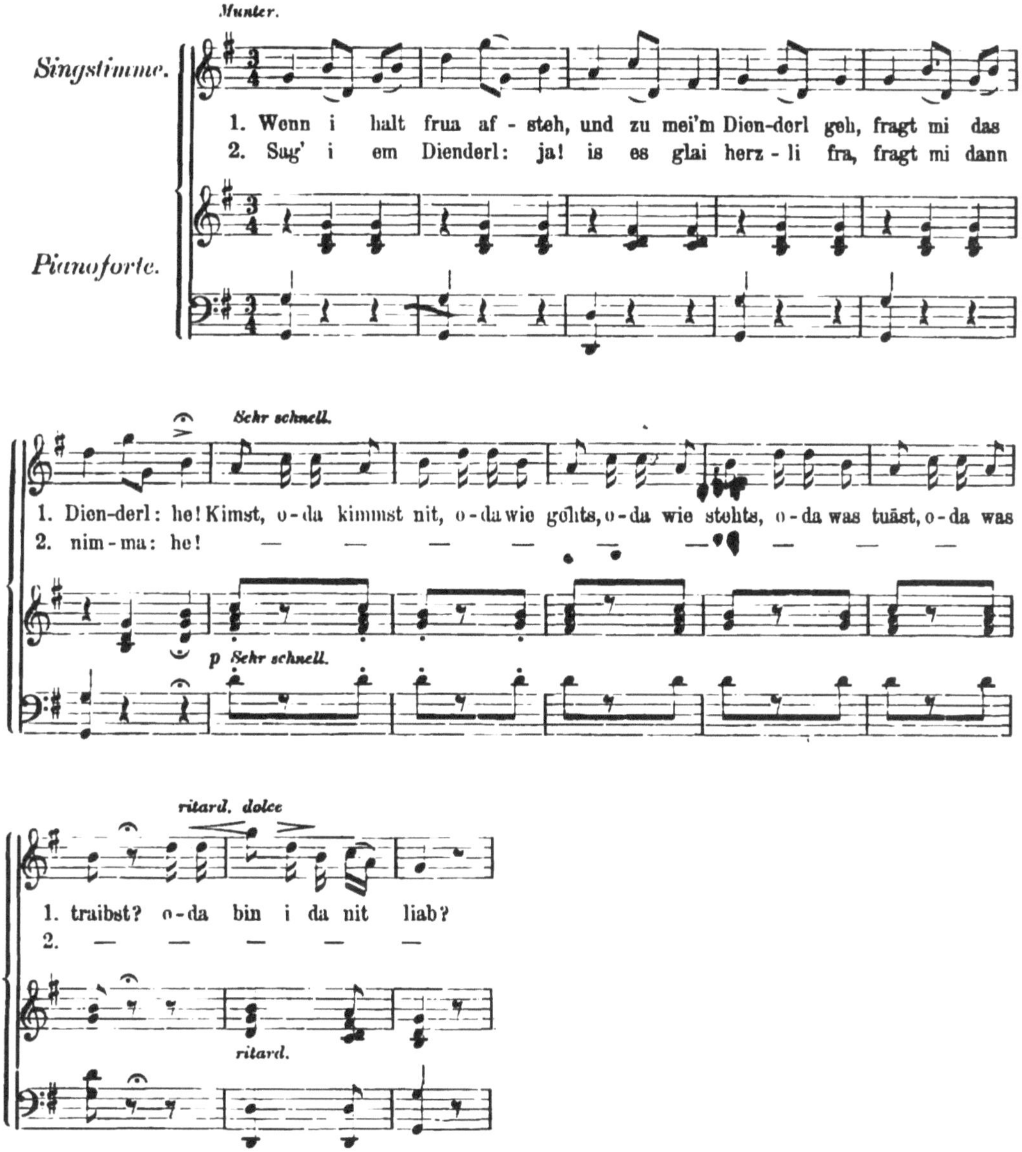
Munter.
Singstimme.
1. Wenn i halt frua af - steh, und zu mei'm Dien-derl geh, fragt mi das
2. Sag' i em Dienderl: ja! is es glai herz - li fra, fragt mi dann
Pianoforte.
Sehr schnell.
1. Dien-derl: he! Kimst, o-da kimmst nit, o-da wie gehts, o-da wie stehts, o-da was tuäst, o-da was
2. nim - ma: he!
p Sehr schnell.
ritard. dolce
1. traibst? o-da bin i da nit liab?
2.
ritard.

Anm.: fra für froh, kimmst für kommst.

61. Schwimm hin, Ringelein!

Ein- oder zweistimmig.

1. Nichts Schönres kann mich er-freu-en, als wenn der lieb Sommer an-geht, da blü-hen die Ro-sen im Gar-ten, ja, ja, im Gar-ten, Trompeter, die bla-sen in's Feld.
2. Trompeter, die habens ge-bla-sen, Sol-da-ten mar-schi-ren in's Feld, sie zie-hen dem Fein-de ent-ge-gen, ja, ja, ent-ge-gen, zum Strei-te wohl sind sie be-stellt.
3. „Ach, Schätzel, was hab ich er-fah-ren, dass du jetzt willst rei-sen von hier, willst rei-sen in's frem-de Land nau-se, ja, ja, hin-au-se, wann kommst du wie-der zu mir?"
4. „Und wenn dein Liebchen ge-stor-ben, wo be-grabt man sie denn hin? in ih-res Va-ters Schloss-gar-ten, ja, ja, Schloss-gar-ten, wo weis-se Li-li-en blüh'n."

5.
Was zog er da von sein'm Finger?
Ein Ringlein, das war von Gold,
Er warf's in's fliessend Wasser,
In den Wellen scheinet das Gold.

6.
Schwimm hin, schwimm hin, du Ringelein,
Schwimm hin in das Meer hinein,
Und grüss' mir mein' Vater und Mutter,
Und sag', ich komm nimmermehr heim.

Zu Vers 6. Va-ter und Mut-ter und etc.

Die Melodie des vorliegenden Liedes, von dem es verschiedene, einander mehr oder weniger ähnliche Lesearten giebt, ist eine alte, ächt volksthümliche Weise, die auch bis auf die vier ersten Takte des 2. Theiles zu: Es stehen drei Sterne am Himmel etc. gesungen wird.

62. Liebesqual.
Schwäbisch.

1. Und schau ich hin, so schaust du her, das macht mein Herz so schwer, so schwer, u. schau ich her, so schaust du hin, das macht so wirr den Sinn. O schau' nur ein einzigsmal, ein einzigsmal mitleidsvoll in meine Liebesqual!

2. Und komm ich an, so gehst du weg, das setzt mein Herz in Schreck, in Schreck, u. will ich nach, so schiltst du laut, dass Alles nach mir schaut. O bleib' nur ein einzigsmal, ein einzigsmal tröstend steh'n bei meiner Liebesqual!

3. Und spreche ich, so schweigt dein Mund, das sticht mein Herz so wund, so wund, u. sag' ich ja, so sagst du nein! das macht mir grosse Pein. O sprich nur ein einzigsmal, ein einzigsmal mitleidsvoll in meine Liebesqual!

4.
Und weine ich, so lachest du,
Das schnürt mein Herz so zu, so zu,
Und lächle ich, dann weinest du,
Das scheucht mir alle Ruh'.
O wein' nur ein einzigsmal, ein einzigsmal
Still und mild in meine Liebesqual!

5.
Doch, Hexlein, das ist ja dein Brauch
Gerade so bei Andern auch,
Und weil du mich am meisten fliehst,
Glaub ich, dass du mir glühst.
O glüh' nur ein einzigsmal, ein einzigsmal
Licht und warm in meine Liebesqual!

Bei dieser Gattung von Melodien muss der erste Theil wiederholt werden, um in der Haupttonart (hier Cdur) zu schliessen. Bei vielen Versen ermüden aber die Wiederholungen, daher man erst bei dem letzten Vers mit dem ersten Theil der Melodie schliessen kann. Unrichtig ist es, den zweiten Theil, wie Manche thun, in Cdur zu wiederholen und damit zu schliessen.

5.
Ueberall, wohin ich schreite,
Spür' ich wie unsichtbarlich
Dein Gebet mir zieht zur Seite
Und die Flügel schlägt um mich.
Keine Ferne darf uns kränken,
Denn uns hält ein fromm Gedenken.

6.
Und so bin ich froh und stille,
Muss ich noch so ferne geh'n,
Jeder Schritt ist's Gottes Wille,
Ist ein Schritt zum Wiederseh'n.
Keine Ferne darf uns kränken,
Denn uns hält ein froh Gedenken.

Dieser schöne volksthümliche Text ist vom Dichter dem Herausgeber handschriftlich mitgetheilt worden.

2.
„Die du dich im Traum mir gezeiget hier,
Traute Nixe, schaff' Ruh' meiner Seelen;
Du meines Lebens alleinige Zier,
Was willst du mich ewiglich quälen?"
   ja quälen.

3.
So klagt er, und rauschend tönt's hervor
Aus des Quelles tief untersten Gründen,
Wie ein Menschenlaut zu des Jägers Ohr:
Komm herein, so thust Ruhe du finden,
   ja finden.

4.
Da stürzt der Jäger sich straks hinein,
In die Tiefe, bald ist er verschwunden,
Dort unten empfaht ihn das Liebchen fein,
Seine Ruh' hat er endlich gefunden,
   ja funden.

Dichtung und Melodie von den Tübinger Studenten Ottmar Schönhut und G. Hausmann, später Pfarrern in Württemberg.

65. An Maria.

Altdeutsches Volkslied. Ein- oder zweistimmig.

Hans Leo Hassler, 1601.
(Lustgarten deutscher Gesänge.)

1. Mein G'müth ist mir ver-wir-ret, das macht ein' Jung-frau zart, bin ganz und gar ver-ir-ret, mein Herz, das kränkt sich hart. Hab' Tag und Nacht kein Ruh', führ'
2. Ach dass sie mich thät fra-gen, was doch die Ur-sach sei, wann ich führ' sol-che Kla-gen, ich wollt' ihr's sa-gen frei, dass sie al-lein die ist, die
3. Reich-lich ist sie ge-zie-ret, mit schö-ner Tugend ohn' Zahl, höf-lich, wie sich's ge-büh-ret, ihr's Glei-chen ist nicht viel. Für an-dern Jungfraun zart führt

4.
Ich kann nicht g'nug erzählen
Ihr Schön und Tugend viel;
Für all' wollt' ich's erwählen.
Wär' es nur auch ihr Will',
Dass sie ihr Herz und Lieb
Geg'n mir gewend't allzeit.
So würd mein Schmerz und Klagen
Verkehrt in grosse Freud'.

5.
Aber ich muss aufgeben
Und allzeit traurig sein,
Sollt's mir gleich kosten das Leben.
Das ist mir grosse Pein,
Denn ich bin ihr zu schlecht,
Darum sie mein nicht acht't:
Gott woll's vor Leid bewahren
Durch sein' göttliche Macht.

Bei dieser alten Volksweise mit ihren ursprünglichen Harmonien und dem sogenannten rhythmischen Wechsel zähle man die dreierlei Taktarten stets nach Viertelnoten von gleicher Länge. Im Jahre 1613 wurde sie mit dem Liede: „Herzlich thut mich verlangen etc." in die Kirche eingeführt. Später erschien sie auch in der phrygischen Tonart.

66. Bitte an den Mond.

74

1. nit ver-sag'n, geh' und lass mi auf a Nacht dein silbern's G'wan-del trag'n. La
2. ei-ni schaug'n, u. mir a mol was z'Gu-te thun an ih-re blau e Aug'n. La
3. Backerl geb'n, und mit dem Bus-serl gäb' i ihr mein Herzerl und mein Leb'n. La
4. auf in d'Höh, in ih-re blau e Au-ger-le, da thät i un tor geh! La

1. la — la a
2. la — la a
3. la — la a
4. la — la a

67. Prinz Eugenius vor Belgrad (1717).

Ein- oder zweistimmig.

Kräftig und in mässiger Bewegung.

Oesterreichisches Soldatenlied vom Jahr 1719.

Singstimme

1. Prinz Eu-ge-ni-us, der ed-le Rit-ter, wollt dem Kai-ser wie-drum kriegen
2. Als die Bruk-ken nun war ge-schla-gen, dass man kunnt mit Stuck und Wagen
3. Am ein-undzwanzigsten August so eben kam ein Spi-on bei Sturm und Re-gen.

Pianoforte.

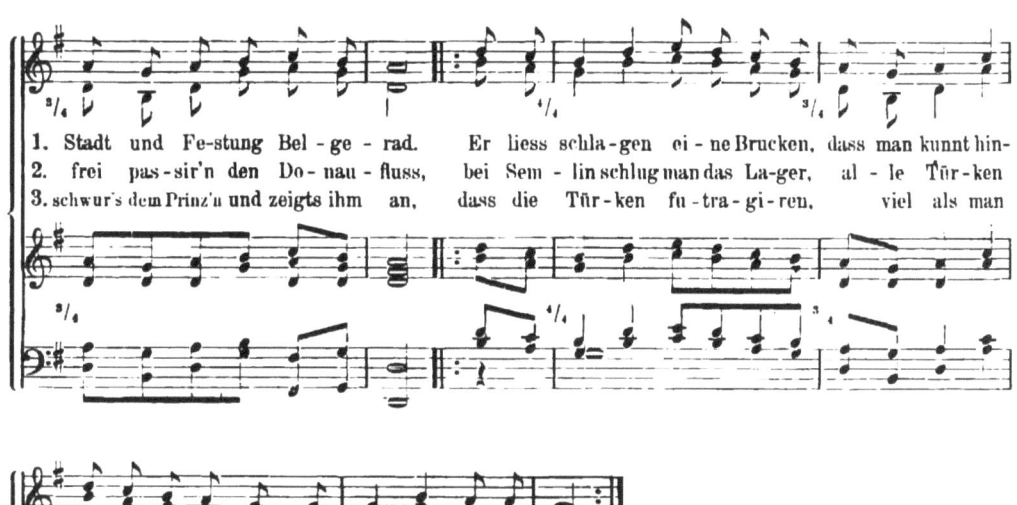

1. ü-ber ruk-ken mit d'rAr-mee wohl für die Stadt.
2. zu ver-ja-gen, ihn'n zum Spott und zum Ver-druss.
3. kunnt ver-spüren, an die dreimalhun-dert tau-send Mann.

4.

Als Prinz Eugenius dies vernommen,
Liess er gleich zusammen kommen
Sein' Gen'ral' und Feldmarschall',
Er thät sie recht instruiren,
Wie man sollt' die Truppen führen
Und den Feind recht greifen an.

5.

Bei der Parole thät er befehlen,
Dass man sollt' die Zwölfe zählen
Bei der Uhr um Mitternacht,
Du sollt' All's zu Pferd aufsitzen,
Mit dem Feind zu scharmomützen,
Was zum Streit nur hätte Kraft.

6.

Alles sass auch gleich zu Pferde,
Jeder griff nach seinem Schwerte,
Ganz still ruckt man aus der Schanz;
Die Musketier', wie auch die Reiter,
Thäten alle tapfer streiten,
's war fürwahr ein schöner Tanz!

Ihr Konstabler auf der Schanze,
Spielet auf zu diesem Tanze
Mit Karthaunen gross und klein;
Mit den grossen, mit den kleinen,
Auf die Türken, auf die Heiden,
Dass sie laufen alle davon.

8.

Prinz Eugenius auf der Rechten,
Thät als wie ein Löwe fechten
Als Gen'ral und Feldmarschall.
Prinz Ludewig ritt auf und nieder:
Halt't euch brav, ihr deutschen Brüder,
Greift den Feind nur herzhaft an!

9.

Prinz Ludewig, der musst' aufgeben
Seinen Geist und junges Leben,
Ward getroffen von dem Blei.
Prinz Eugen war sehr betrübet,
Weil er ihn so sehr geliebet,
Liess ihn bringen nach Peterwardein.

Zu Vers 2. — Als die Brucken nun war ge-schlagen etc.

Zu Vers 3 — kunnt verspü-ren an die dreimal-hun-dert-tausend Mann.

Aus der ursprünglichen Form der Weise zum Prinz Eugen, welche durchgängig im Dreiviertel-Takt steht, bildete sich im Munde des Volkes die hier angegebene Weise mit dem rythmischen Wechsel, welcher bekanntlich sowohl in alten Chorälen als auch in weltlichen Volksliedern häufig vorkommt, und wodurch diese Melodie offenbar frischer, lebendiger und dem Charakter der Dichtung angemessener wurde.

68. Juchhei, dich muss ich haben!

(Original-Composition von Silcher und Eigenthum des Verlegers.)

Ein- oder zweistimmig.

Allegretto.

Singstimme.

1. Ich ging einmal spa-zie-ren, spa-zie- ren, mit ei-nem schö-nen
2. Sie ging mit mir in Gar-ten, in Gar- ten, da pflückt sie mir Mus-
3. Sie sagt, sie wär' aus Sachsen, aus Sach- sen, wo schö-ne Mäd-chen
4. Sie sagt, sie wär' aus Hessen, aus Hes- sen, ich sollt' sie nicht ver-
5. Sie sagt, sie wär' aus Franken, aus Fran- ken, ich thät mich schön be-
6. Sie sagt, sie wär' aus Schwaben, aus Schwa- ben: Juch-hei, dich muss ich

Pianoforte.

1. Mädchen, la la la la la la la la, mit ei-nem schö-nen Mäd
2. ka-ten, la — — — da pflückt sie mir Mus-ka
3. wachsen, la — — — wo schö-ne Mäd-chen wach
4. ges-sen, la — — — ich sollt sie nicht ver-ges
5. dan-ken, la — — — ich thät mich schön be-dan
6. ha-ben! la — — — juch-hei, dich muss ich ha

77

1. chen.
2. ten.
3. sen.
4. sen.
5. ken.
6. ben! juch-hei!

NB. Die hier gegebene Lesart dieses Liedes glaubte der Herausgeber andern, die davon im Umlauf sind, vorziehen zu müssen.

69. Die Trauernde.
(Original-Composition von Silcher und Eigenthum des Verlegers.)

Schwäbisch. Ein - oder zweistimmig.

Wehmüthig.

Singstimme.

Pianoforte.

1. Mei Mut-ter mag mi net, und kein Schatz han i net, ei wa-rum stirb i net, was thu i do? ei wa-rum stirb i net, ei wa-rum stirb i net,
2. Ge-stern ist Kirchweih gweh, mi hat me gwiss net gseh, denn mir ist gar so weh, i tanz jo net; denn mir ist gar so weh, denn mir ist gar so weh,
3. Lasst die drei Rös-le stehn, die an dem Kreuz-le blühn, hännt ihr des Mäd-le kennt, des drunter liegt? hännt ihr des Mäd-le kennt, hännt ihr des Mäd-le kennt,

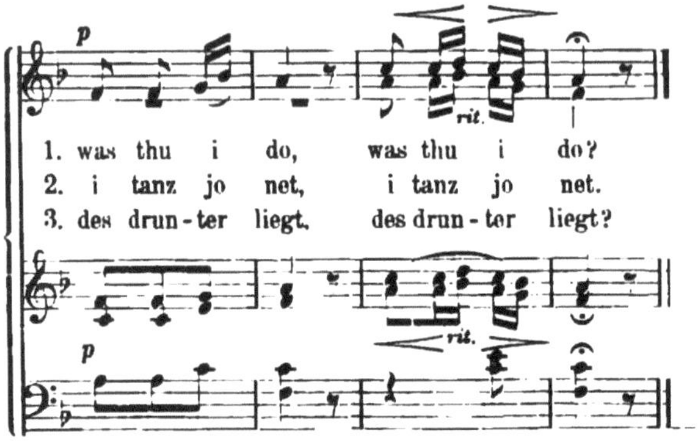

1. was thu i do, was thu i do?
2. i tanz jo net, i tanz jo net.
3. des drun-ter liegt, des drun-ter liegt?

In einigen Sammlungen findet man dieses ächtschwäbische Volkslied mit der verkehrten Ueberschrift: „Der Trauernde" einem Jünglinge in den Mund gelegt; es sind Worte eines Mädchens, die am Schluss ahnungsvoll ihren Tod voraussagt.

70. Schwäbisches Tanzliedchen.

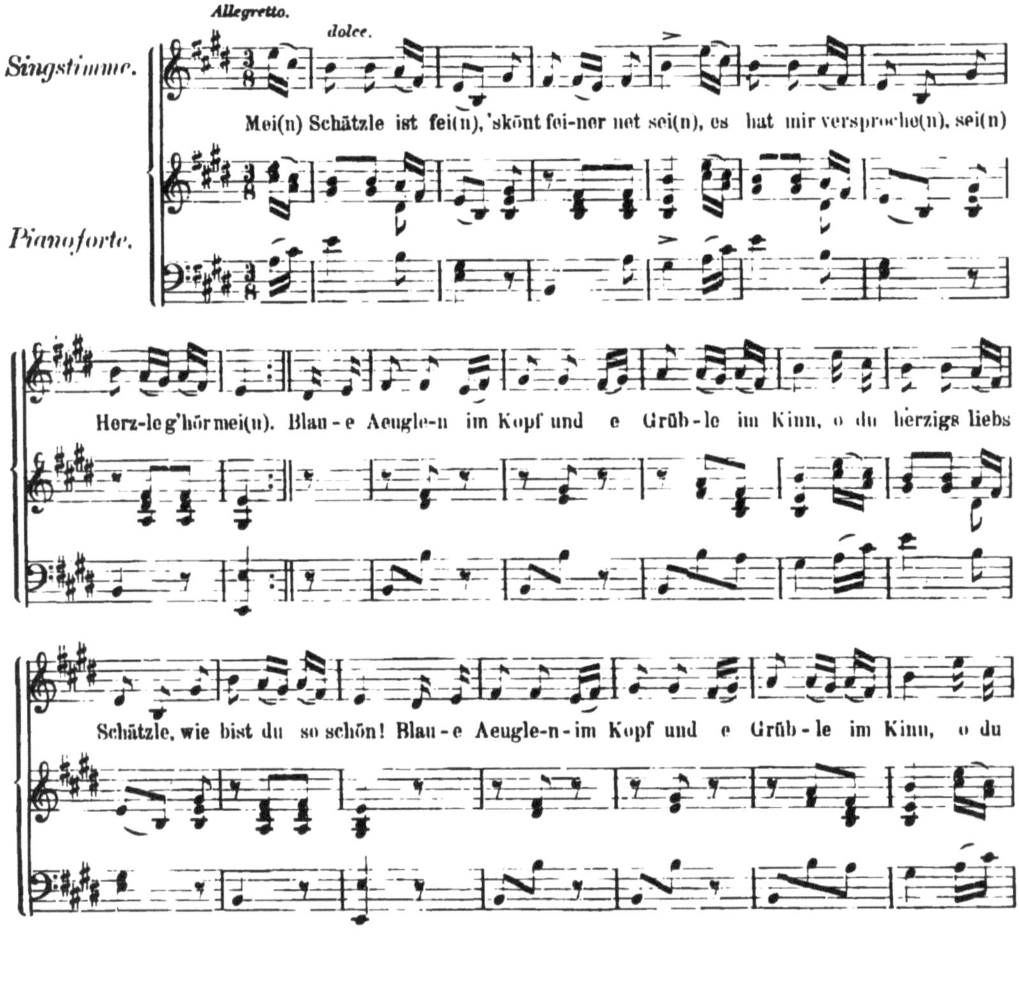

Mei(n) Schätzle ist fei(n), 'skönt fei-ner net sei(n), es hat mir versproche(n), sei(n) Herz-le g'hör mei(n). Blau-e Aeugle-n im Kopf und e Grüb-le im Kinn, o du herzigs liebs Schätzle, wie bist du so schön! Blau-e Aeugle-n im Kopf und e Grüb-le im Kinn, o du

71. An die Treulose.

(Original-Composition von Silcher und Eigenthum des Verlegers.)

Von **Em. Geibel**.

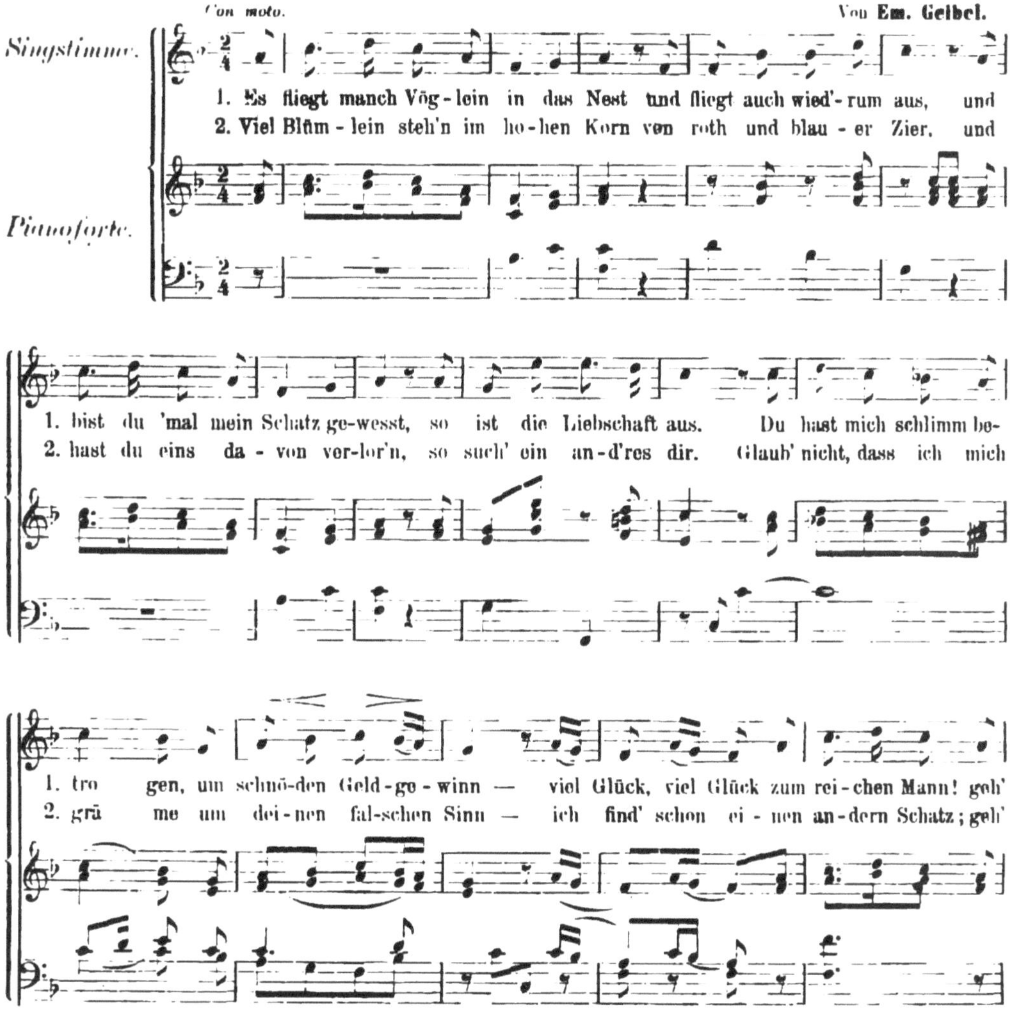

1. Es fliegt manch Vög-lein in das Nest und fliegt auch wied'-rum aus, und bist du 'mal mein Schatz ge-wesst, so ist die Liebschaft aus. Du hast mich schlimm be- tro- gen, um schnö-den Geld-ge-winn — viel Glück, viel Glück zum rei-chen Mann! geh

2. Viel Blüm-lein steh'n im ho-hen Korn von roth und blau-er Zier, und hast du eins da-von ver-lor'n, so such' ein an-d'res dir. Glaub' nicht, dass ich mich grä- me um dei-nen fal-schen Sinn — ich find' schon ei-nen an-dern Schatz; geh

ritard.
1. du, la la la, geh' du, la la la, geh' du nur im - mer hin!
2. du, — — — — — — — —
ritard.

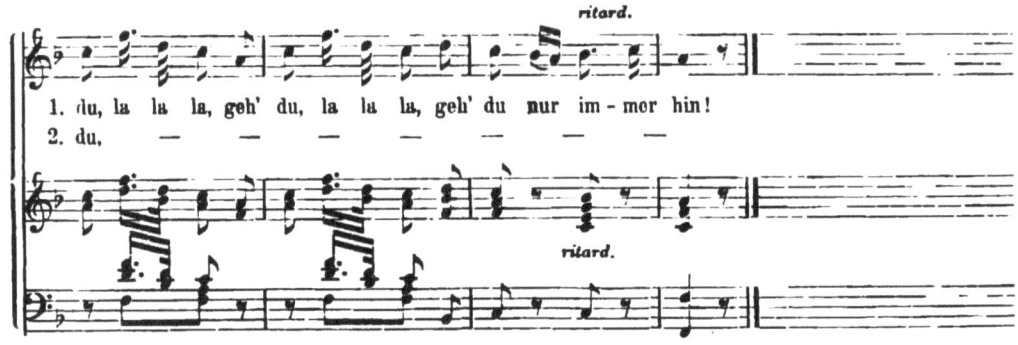

72. Die Spinnerin.

Böhmisch.

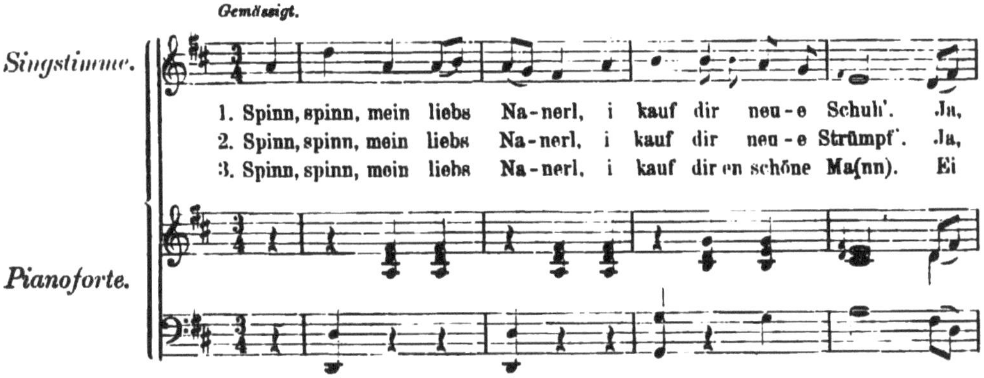
Gemässigt.
Singstimme.
Pianoforte.
1. Spinn, spinn, mein liebs Na - nerl, i kauf dir neu - e Schuh'. Ja,
2. Spinn, spinn, mein liebs Na - nerl, i kauf dir neu - e Strümpf'. Ja,
3. Spinn, spinn, mein liebs Na - nerl, i kauf dir en schöne Ma(nn). Ei

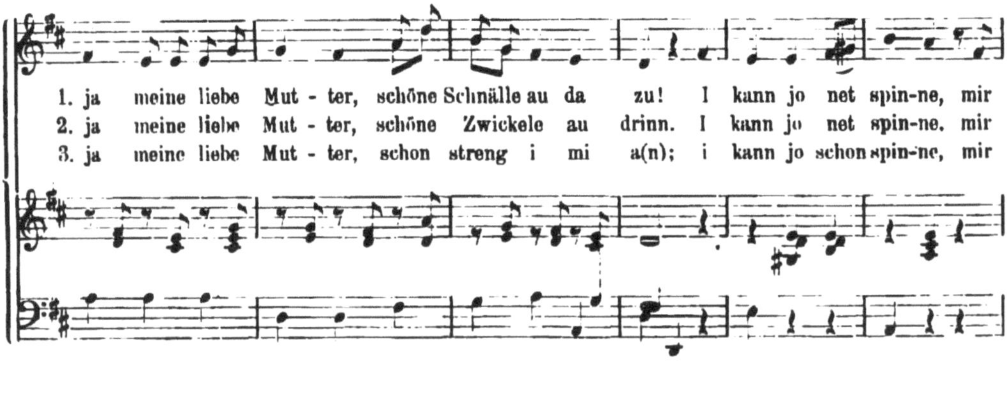
1. ja meine liebe Mut - ter, schöne Schnälle au da zu! I kann jo net spin-ne, mir
2. ja meine liebe Mut - ter, schöne Zwickele au drinn. I kann jo net spin-ne, mir
3. ja meine liebe Mut - ter, schon streng i mi a(n); i kann jo schon spin-ne, mir

1. thun mei-ne Fin-ger so weh, so weh! mei-ne Fingerle so weh!
2. thun mei-ne Fin-ger so weh, so weh! mei-ne Fingerle so weh!
3. thun mei-ne Fin-ger nimme weh, nimme weh, mei-ne Fingerle nim-me weh.

In zweierlei Lesearten bekannt, die hier gegebene ist die kürzere und wohl bessere.

73. Klage.
(Original-Composition von Silcher und Eigenthum des Verlegers.)
Ein- oder zweistimmig.

1. Ich ha-be den Frühling ge-se-hen, ich ha-be die Blumen begrüsst, der
2. Der hol-de Lenz ist ent-flo-hen, verblüht — die Blumen — all', das
3. Doch keh-ret der Frühling bald wie-der, die Blumen blüh'n auf zum — Licht, die

1. Nach-ti-gall Lie-der ge-lau-schet ein himm-li-sches Mädchen ge-küsst.
2. Mäd-chen in's Grab ge-sun-ken, ver-schollen die Nach-ti-gall.
3. Nach-ti-gall singt ih-re Lie-der, das Mädchen, das fin-de ich nicht!

Diese ausdrucksvolle rührende Dichtung ist im Nachwort zu den von W. Dönniges übertragenen schottischen und altenglischen Volks-Balladen zu finden. Eine andere Fassung mit vier weiteren Strophen steht in der Erzählung von O. Glaubrecht, „Der Zigeuner."

Silcher's ein- und zweistimmige deutsche Volkslieder.

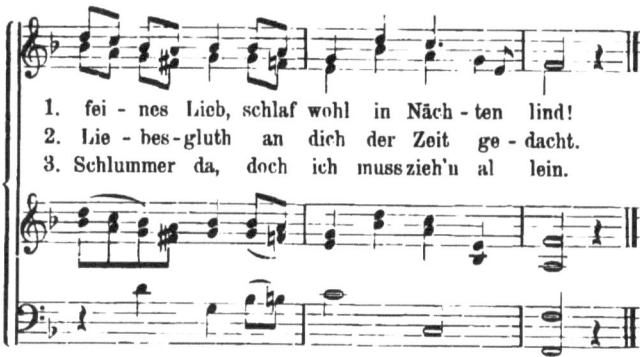

1. fei - nes Lieb, schlaf wohl in Näch - ten lind!
2. Lie - bes - gluth an dich der Zeit ge - dacht.
3. Schlummer da, doch ich muss zieh'n al lein.

Ein älteres Ständchen vom Mittelrhein.

75. Wohin mit der Freud'?

(Original-Composition von Silcher und Eigenthum des Verlegers.)

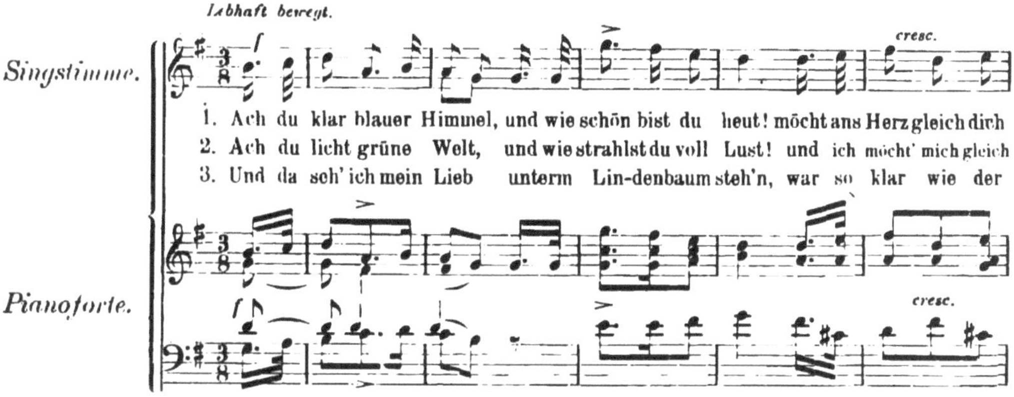
Lebhaft bewegt.
Singstimme.
Pianoforte.
cresc.
1. Ach du klar blauer Himmel, und wie schön bist du heut! möcht ans Herz gleich dich
2. Ach du licht grüne Welt, und wie strahlst du voll Lust! und ich möcht' mich gleich
3. Und da seh' ich mein Lieb unterm Lin-denbaum steh'n, war so klar wie der

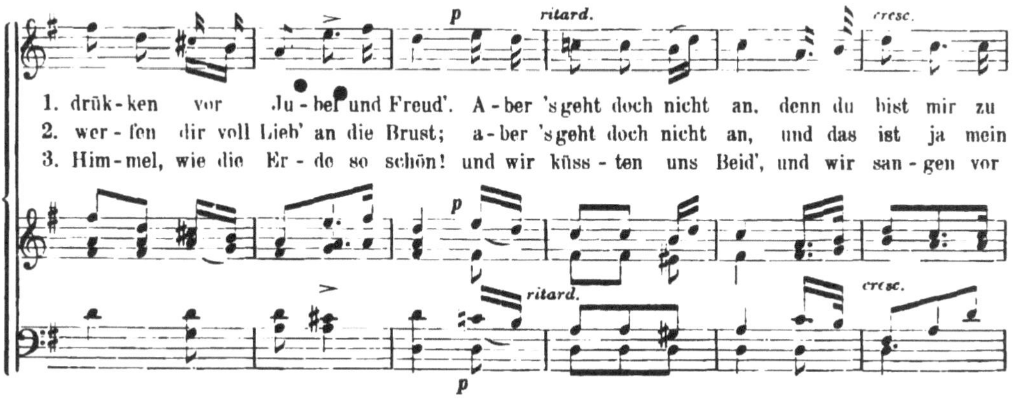
p
ritard.
cresc.
1. drük - ken vor Ju - bel und Freud'. A - ber 's geht doch nicht an, denn du bist mir zu
2. wer - fen dir voll Lieb' an die Brust; a - ber 's geht doch nicht an, und das ist ja mein
3. Him - mel, wie die Er - de so schön! und wir küss - ten uns Beid', und wir san - gen vor

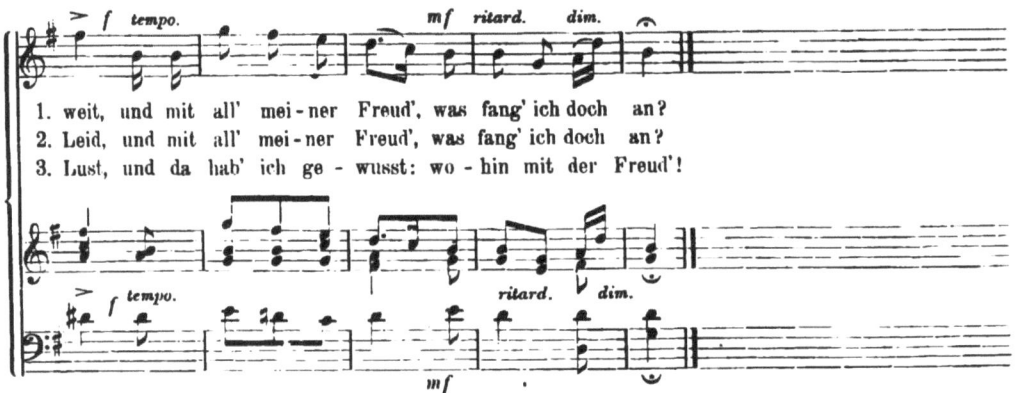

f tempo.
mf ritard.
dim.
1. weit, und mit all' mei-ner Freud', was fang' ich doch an?
2. Leid, und mit all' mei-ner Freud', was fang' ich doch an?
3. Lust, und da hab' ich ge-wusst: wo-hin mit der Freud'!
f tempo.
ritard.
dim.
mf

Text von dem fruh verstorbenem Maler und Dichter Rob. Reinick.

76. Untreue.

Singstimme.

Pianoforte.

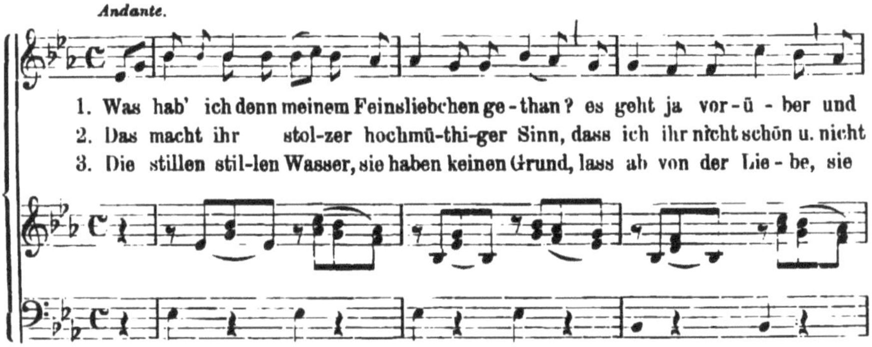
Andante.
1. Was hab' ich denn meinem Feinsliebchen ge-than? es geht ja vor-ü-ber und
2. Das macht ihr stol-zer hochmü-thi-ger Sinn, dass ich ihr nicht schön u. nicht
3. Die stillen stil-len Wasser, sie haben keinen Grund, lass ab von der Lie-be, sie

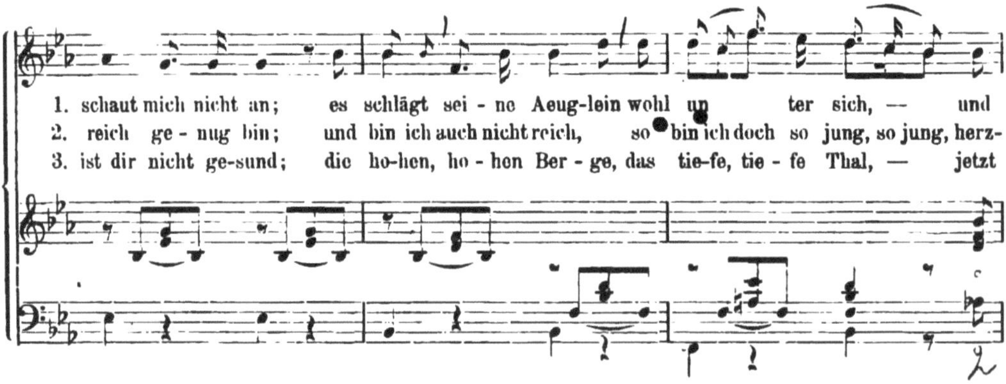
1. schaut mich nicht an; es schlägt sei-ne Aeug-lein wohl un-ter sich, — und
2. reich ge-nug bin; und bin ich auch nicht reich, so bin ich doch so jung, so jung, herz-
3. ist dir nicht ge-sund; die ho-hen, ho-hen Ber-ge, das tie-fe, tie-fe Thal, — jetzt

1. hat ei-nen An-de-ren viel lie-ber als mich.
2. al-ler-liebstes Schätze-le, was kümr' ich mich denn drum?
3. seh' ich mein Schätze-le zum al-ler-letz-ten Mal.

Zu Vers 2.
reich ge-nug bin.

Nach dieser Lesart in Württemberg zu Hause.

77. Des Buben Herzleid.

Andante.

Singstimme.

Pianoforte.

1. Da steh i hier o-ben, schau a-bo an See, find' nirgends mei
2. Sonst hat mi Al-les ang'lacht, sonst hat mi Al-les g'freut, es war mir kei
3. Und wenn hin-term Berg d'Sonn hin-ab geht schön stät, und wenn der ganz

1. Dienderl, drum ist mir so weh. I such's in der Näh und i such's in der
2. Berg z'hoch, kei Weg war mir z'weit. Mei G'müth war so ru-hig, mei Herz war so
3. Him-mel mit Stern-le ist b'sät, dann tröpf-le mir d'Au-ge, dann bitt i zum

Zu Vers 2. Takt 1.
Sonst hat mi Al - les

Anm.: Die Striche nach la in den 8 letzten Takten bedeuten hier, dass im Gesange blos das a fortgezogen wird, bis wieder la erscheint.

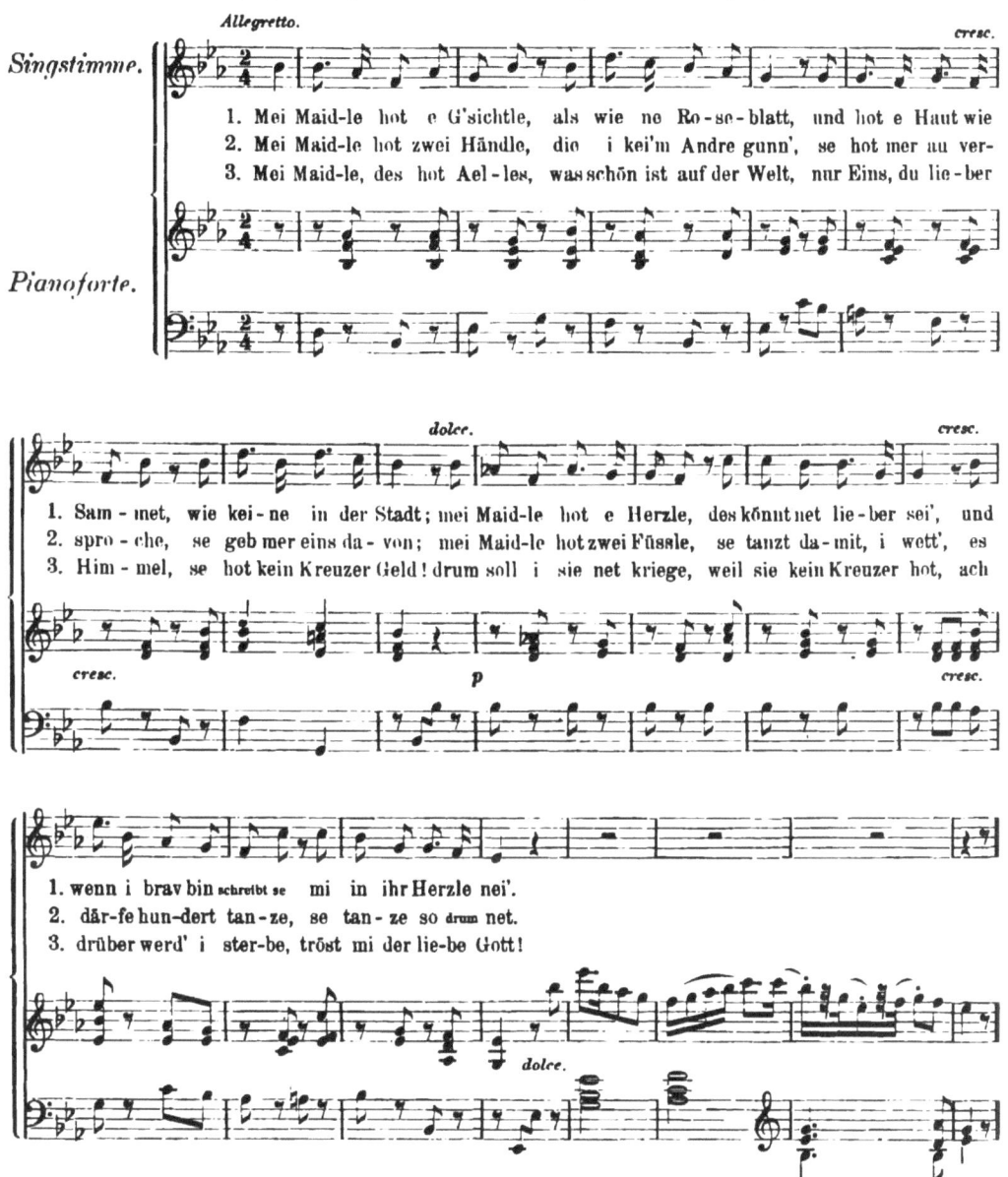

Gedicht in der pfälzischen Mundart von Franz von Kobell. Um den Text dem allgemeinen Verständniss näher zu rücken, hat man sich hier gestattet, die schwierigeren Wortformen des pfälzischen Dialektes zu beseitigen.

79. O Tannenbaum!
Ein- oder zweistimmig.

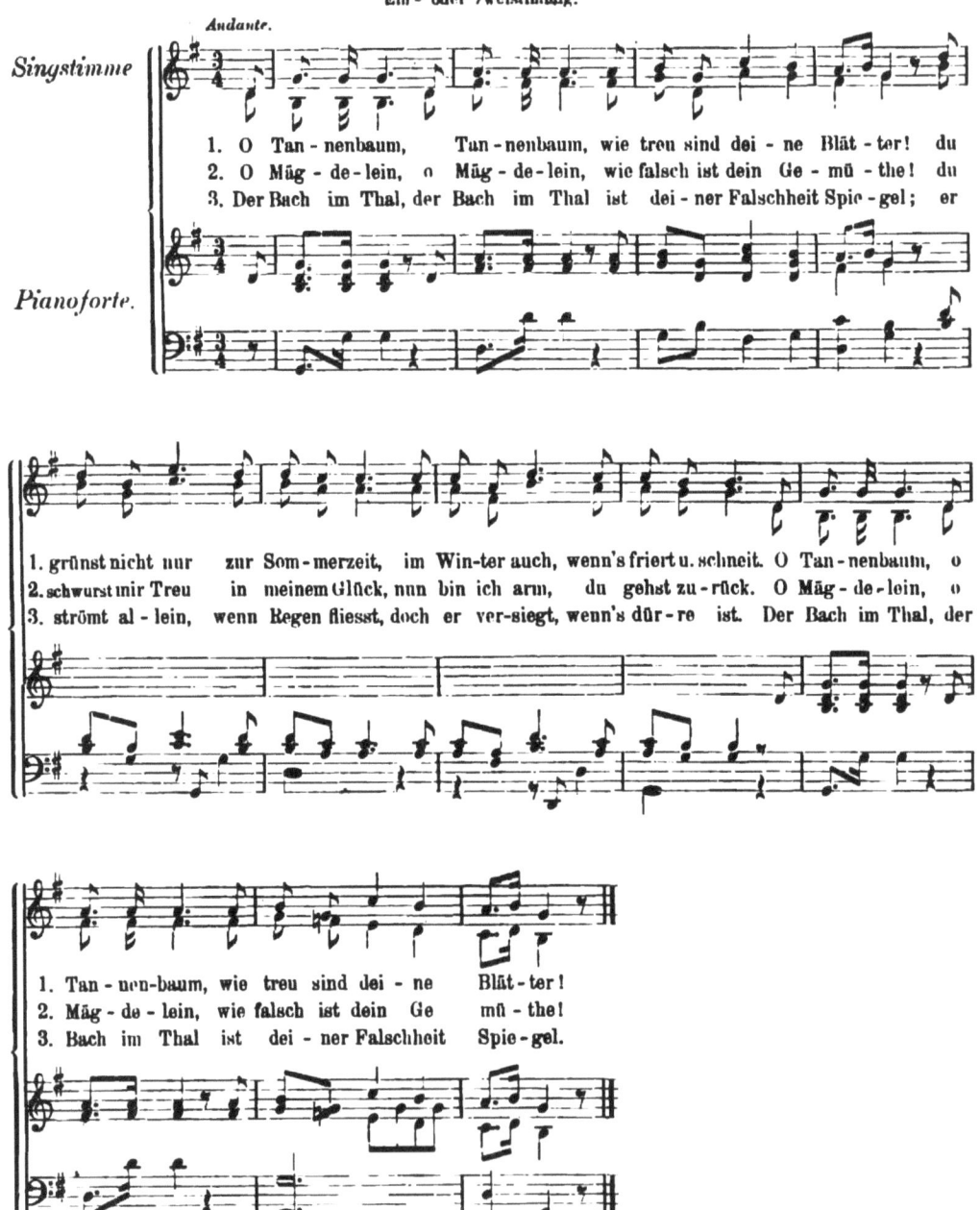

Ein altes in verschiedenen Abfassungen überliefertes Volkslied.

80. Treue.

1. Es waren einmal drei Reuter gefang'n, gefangen waren sie; sie wurden gefangen und geführet, keine Trommel ward dabei gerühret im ganzen heil'gen Reich.

2. Und als sie auf die Brücke kam'n, was begegnet ihnen allda? — Ein Mädchen, jung an Jahren, hatte nicht viel Leides erfahren: „geh' hin und bitte für uns!"

3. „Und wenn ich für euch bitten thu, was hülfe mir denn das? ihr ziehet in fremde Lande, lasst mich wackres Mägdlein in Schande, in Schande lasset ihr mich."

4.
Das Mägdlein sah sich um und um,
Gross Trauern kam ihr an;
Sie ging wohl fort mit Weinen
Bei Strassburg über die Steinen,
Wohl vor des Hauptmanns Haus.

5.
„Guten Tag, guten Tag, Herr Hauptmann mein,
Ich hab' eine Bitt' an euch;
Wollet meiner Bitte gedenken,
Und mir die Gefangnen losschenken,
Dazu meinen eignen Schatz."

6.
„„Ach nein, ach nein, liebes Mägdelein,
Das kann, das darf nicht sein;
Die Gefangnen, die müssen sterben,
Gottes Reich sollen sie ererben,
Dazu die Seligkeit.""

7.
Das Mägdlein sah sich um und um,
Gross Trauern kam ihr an;
Sie ging wohl fort mit Weinen
Bei Strassburg über die Steinen,
Wohl vor's Gefangnenhaus.

8.
„„„Guten Tag, du Herzgefangner mein,
Gefangen bleibt ihr allhier,
Ihr Gefangnen, ihr müsset sterben,
Gottes Reich sollt ihr ererben,
Dazu die Seligkeit.""

9.
Was zog sie aus ihrem Schürzelein?
Ein Hemd, so weiss, wie Schnee;
„„Sieh da! du Hübscher und du Feiner,
Du Herzallerliebster und du meiner,
Das soll dein Sterbkleid sein!""

10.
Was zog er von seinem Fingerlein?
Ein güldnes Ringelein;
„Sieh da! du Hübsche und du Feine,
Du Herzallerliebste und du meine,
Das soll mein Denkmal sein!"

11.
„„„Was soll ich mit dem Ringelein,
Was soll ich damit thun?""
„Leg' du es in deinen Kasten,
Lass es liegen, lass es ruh'n, lass es rasten
Bis an den jüngsten Tag."

In ganz Deutschland bekannt mit mancherlei Abweichungen des Textes, z. B.: „Es liegen drei Junggesellen etc." „Es waren zwei Soldaten etc." „Es wollt ein Soldate desertiren etc." Auch wird zu dieser Melodie das bekannte Mantellied: „Schier dreissig Jahre bist du alt etc." gesungen, das in dem vaterländischen Schauspiel: „Lenore" von Karl Holtei zu finden ist.

81. Wenn ich an den letzten Abend denk'.

In mehreren Lesearten bekannt.

82. Soldatenlied.

(Original-Composition von Silcher und Eigenthum des Verlegers.)

Ein- oder zweistimmig.

Früher ein von Gull gedichtetes Soldatenlied für Kinder, das sich allmählig zu einem wirklichen Soldatenlied gestaltet hat.

94

1. mich im Stil-len glühn, auch für mich im Stil-len glühn.
2. euch er-ho-ben seh, mich zu euch er-ho-ben seh.

Ein sentimentales Liebeslied, in Wurttemberg viel gesungen.

84. Frühling.
(Original-Composition von Silcher und Eigenthum des Verlegers.)
Ein- oder zweistimmig.

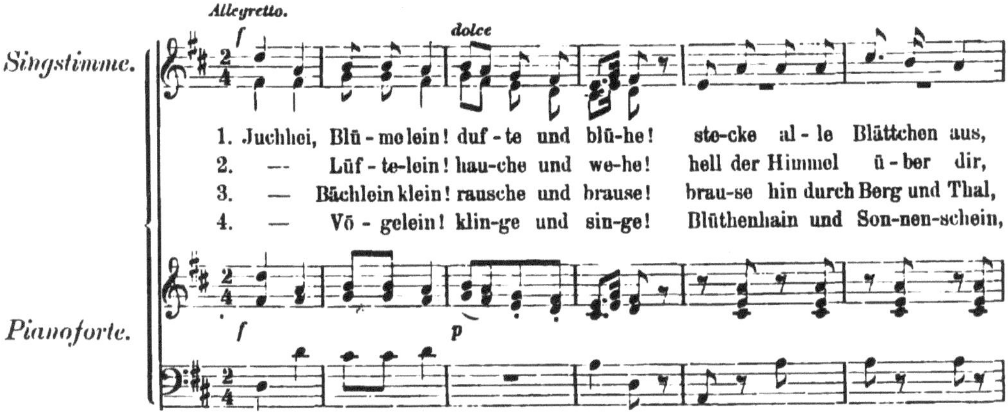

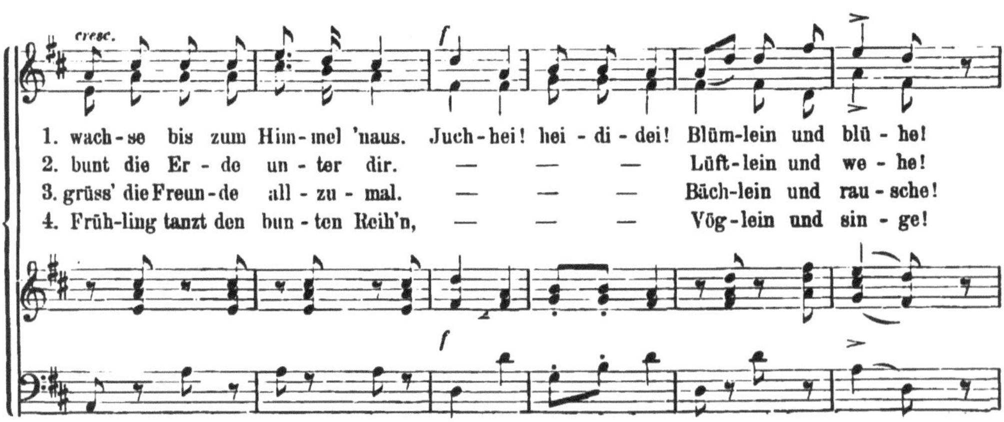

Singstimme.

1. Juchhei, Blü-melein! duf-te und blü-he! sto-cke al-le Blättchen aus,
2. — Lüf-te-lein! hau-che und we-he! hell der Himmel ü-ber dir,
3. — Bächlein klein! rausche und brause! brau-se hin durch Berg und Thal,
4. — Vö-gelein! klin-ge und sin-ge! Blüthenhain und Son-nen-schein,

Pianoforte.

1. wach-se bis zum Him-mel 'naus. Juch-hei! hei-di-dei! Blüm-lein und blü-he!
2. bunt die Er-de un-ter dir. — — — Lüft-lein und we-he!
3. grüss' die Freun-de all-zu-mal. — — — Bäch-lein und rau-sche!
4. Früh-ling tanzt den bun-ten Reih'n, — — — Vög-lein und sin-ge!

dolce

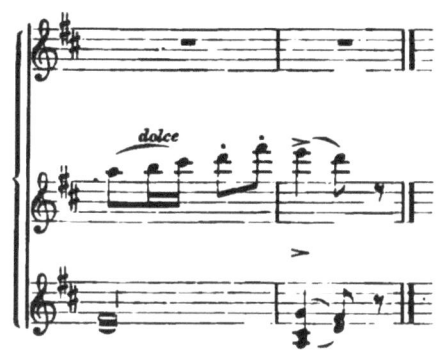

5.

Juchhei, Menschenherz! klinge und springe!
Wolltest du das letzte sein, da sich alle Wesen freu'n?
Juchhei! heididei! klinge und springe!

6.

Juchhei, alle Welt! juchhei in Liebe!
Liebeslust und Wonneschall, Erd' und Himmel halten Ball,
Juchhei! heididei! juchhei in Liebe!

Dichtung von E. M. Arndt.

85. Herber Abschied.

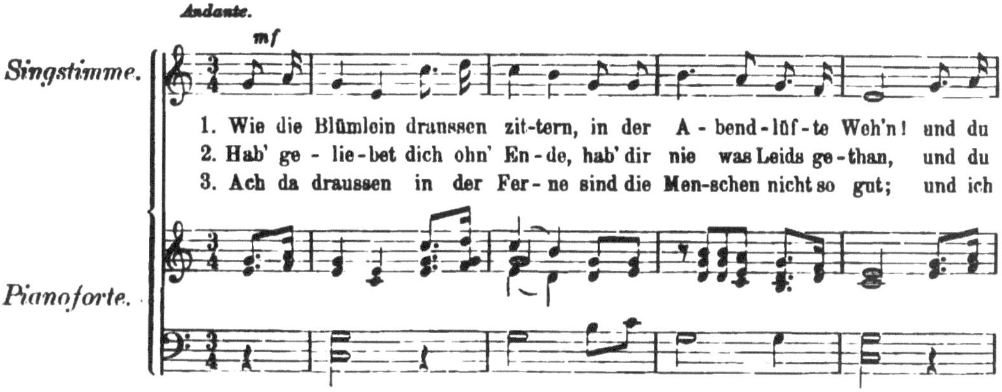
Andante.
mf
Singstimme.
Pianoforte.
1. Wie die Blümlein draussen zit-tern, in der A - bend-lüf-te Weh'n! und du
2. Hab' ge - lie-bet dich ohn' En-de, hab' dir nie was Leids ge-than, und du
3. Ach da draussen in der Fer- ne sind die Men-schen nicht so gut; und ich

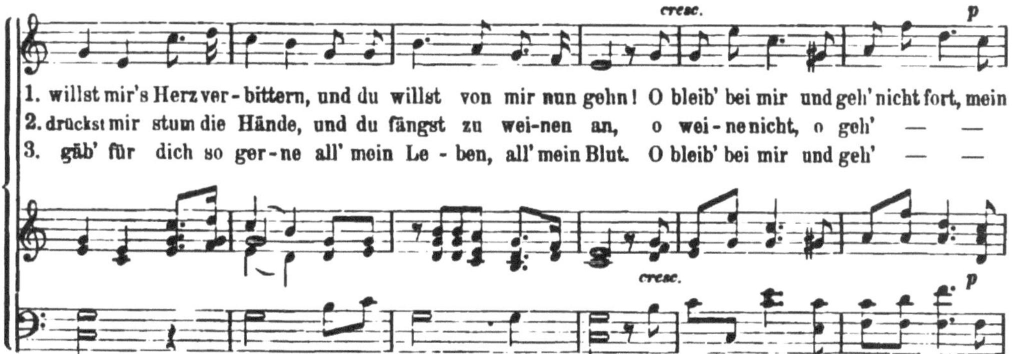
cresc.
p
1. willst mir's Herz ver-bittern, und du willst von mir nun gehn! O bleib' bei mir und geh' nicht fort, mein
2. drückst mir stum die Hände, und du fängst zu wei-nen an, o wei-ne nicht, o geh' — —
3. gäb' für dich so ger-ne all' mein Le - ben, all' mein Blut. O bleib' bei mir und geh' — —
cresc.
p

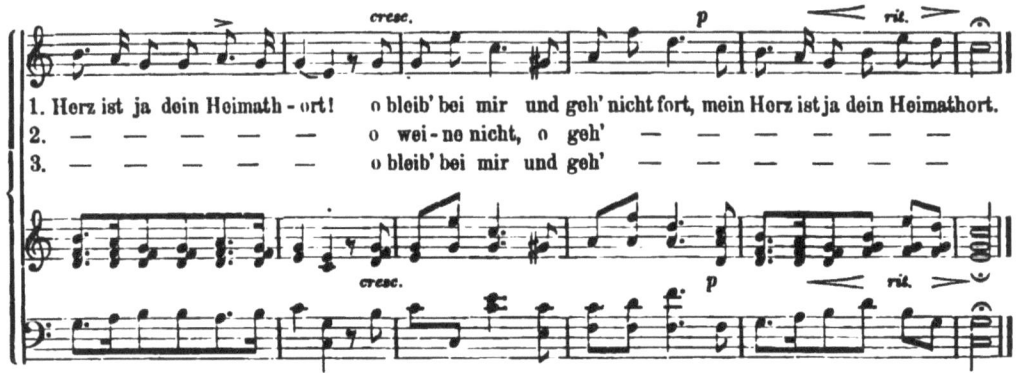

cresc.
p
rit.
1. Herz ist ja dein Heimath - ort! o bleib' bei mir und geh' nicht fort, mein Herz ist ja dein Heimathort.
2. — — — — — — o wei - ne nicht, o geh' — — — — — — — —
3. — — — — — — o bleib' bei mir und geh' — — — — — — — —
cresc.
p
rit.

Volkslied aus der Umgegend von Hohenstaufen.

86. Sehnsucht.

(Original-Composition von Silcher und Eigenthum des Verlegers.)

Ein- oder zweistimmig.

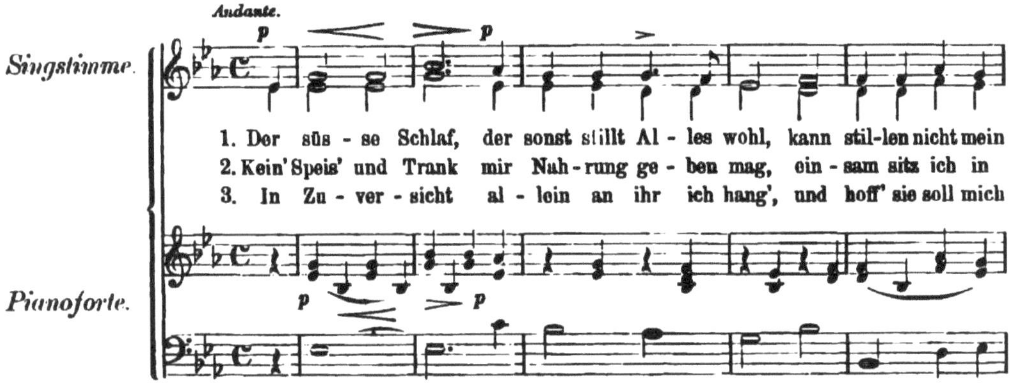
Andante.
Singstimme.
Pianoforte.
p
p
1. Der süs - se Schlaf, der sonst stillt Al - les wohl, kann stil-len nicht mein
2. Kein' Speis' und Trank mir Nah - rung ge - ben mag, ein - sam sitz ich in
3. In Zu - ver - sicht al - lein an ihr ich hang', und hoff' sie soll mich
p
p

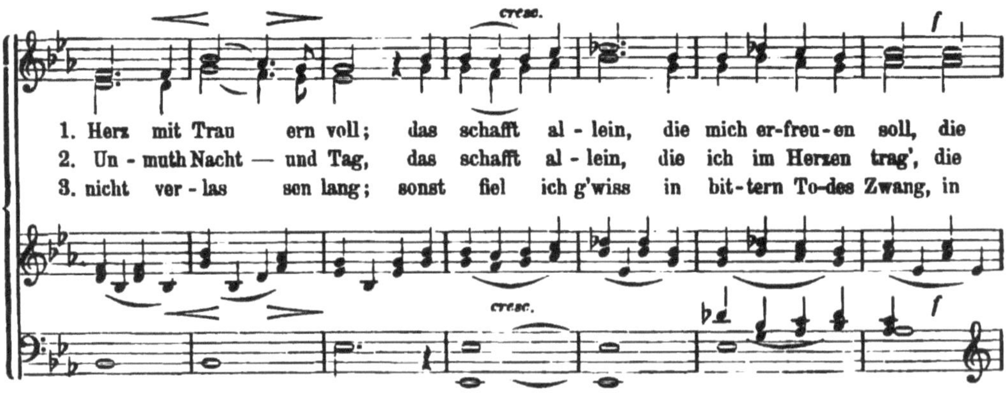
cresc.
f
1. Herz mit Trau ern voll; das schafft al - lein, die mich er-freu - en soll, die
2. Un - muth Nacht — und Tag, das schafft al - lein, die ich im Herzen trag', die
3. nicht ver - las sen lang; sonst fiel ich g'wiss in bit - tern To-des Zwang, in
cresc.
f

1. mich er-freu-en soll, die mich er-freu-en soll.
2. ich im Herzen trag', die ich im Her-zen trag'.
3. bit-tern To-des Zwang, in bit-tern To-des Zwang.

Alter Text aus Herder: Stimmen der Völker.

87. Nun leb' wohl, du kleine Gasse.
(Original-Composition von Silcher und Eigenthum des Verlegers.)

Ein- oder zweistimmig.

1. Nun leb' wohl, du klei-ne Gas-se, nun a-de, du stil-les
2. Hier in wei-ter, wei-ter Fer-ne, wie's mich nach der Hei-math
3. An-dre Städt-chen kommen frei-lich, an-dre Mäd-chen zu Ge-
4. An-dre Städt-chen, an-dre Mäd-chen, ich da mit-ten drinn so

1. Dach! Va-ter, Mut-ter sah'n mir trau-rig, und die Lieb-ste sah mir
2. zieht! lu-stig sin-gen die Ge-sel-len, doch es ist ein fal-sches
3. sicht; ach, wohl sind es an-dre Mäd-chen, doch die Ei-ne ist es
4. stumm! an-dre Mäd-chen, an-dre Städt-chen, wie ger-ne kehrt' ich

Silcher's ein- und zweistimmige deutsche Volkslieder.

1. ten-ke' und Klee, i han jo koi Schätze-le meh! —

*) durna: durch hinunter im Thal Batenke (Schlüsselblümchen) brechen.
Volkslied aus dem badischen Schwarzwald.

89. Heimliche Liebe.

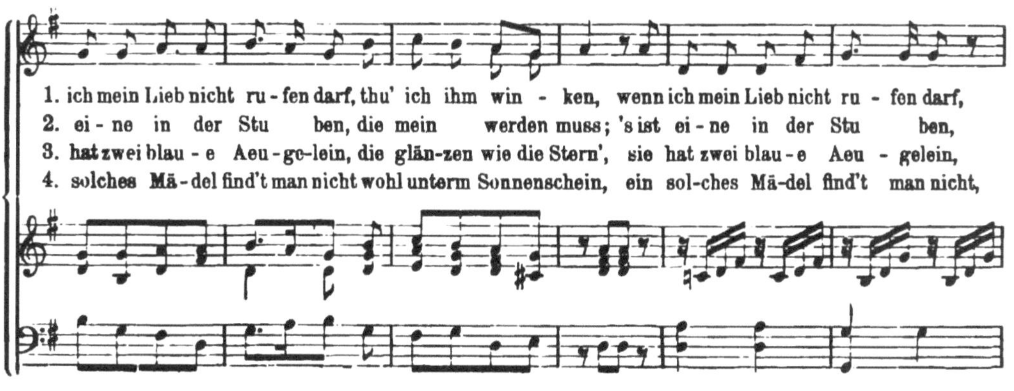

Mässig.

Singstimme.

Pianoforte.

1. Wenn al-le Brünn-lein flies-sen, so muss man trin-ken, wenn ich mein Lieb nicht ru-fen darf, thu' ich ihm win-ken, wenn ich mein Lieb nicht ru-fen darf,
2. Ja win-ken mit den Au-gen und tre-ten mit dem Fuss, 's ist ei-ne in der Stu-ben, die mein werden muss; 's ist ei-ne in der Stu-ben,
3. War-um sollt' sie's nicht wer-den, ich seh' sie ja so gern; sie hat zwei blau-e Aeu-ge-lein, die glän-zen wie die Stern', sie hat zwei blau-e Aeu-gelein,
4. Sie hat zwei ro-the Wängelein, sind rö-ther als der Wein, ein solches Mä-del find't man nicht wohl unterm Sonnenschein, ein sol-ches Mä-del find't man nicht,

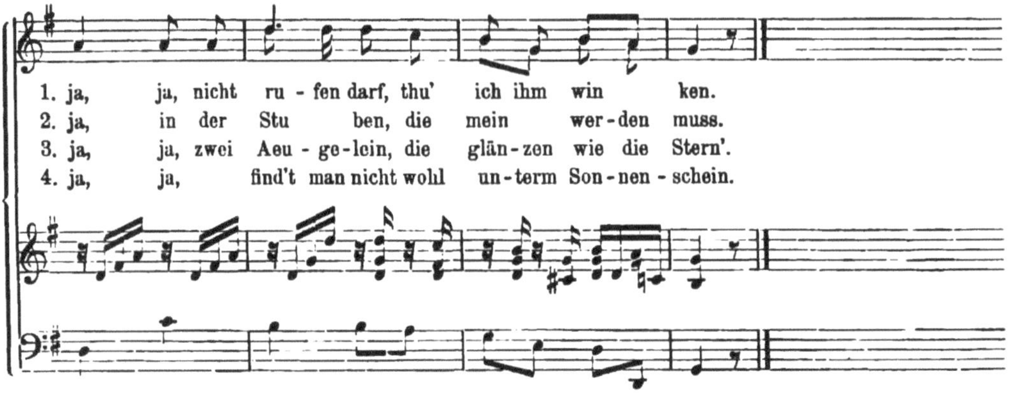

1. ja, ja, nicht ru - fen darf, thu' ich ihm win - ken.
2. ja, in der Stu - ben, die mein wer-den muss.
3. ja, ja, zwei Aeu - ge-lein, die glän-zen wie die Stern'.
4. ja, ja, find't man nicht wohl un-term Son-nen-schein.

90. Der traurige Bua.

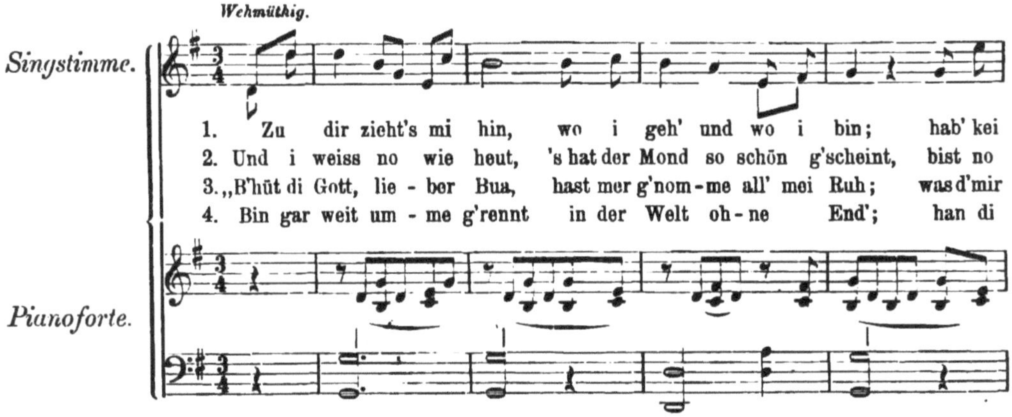

Wehmüthig.

1. Zu dir zieht's mi hin, wo i geh' und wo i bin; hab' kei
2. Und i weiss no wie heut, 's hat der Mond so schön g'scheint, bist no
3. „B'hüt di Gott, lie - ber Bua, hast mer g'nom-me all' mei Ruh; was d'mir
4. Bin gar weit um - me g'rennt in der Welt oh - ne End'; han di

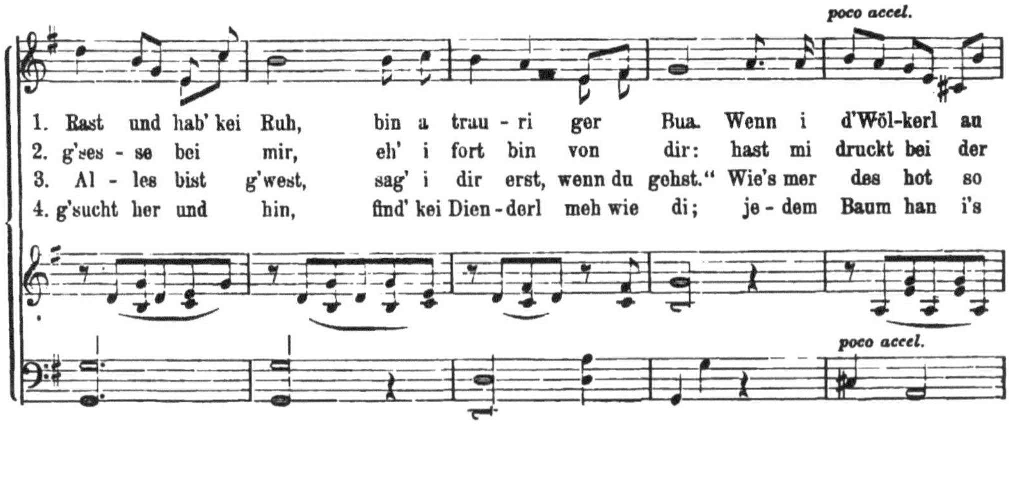

1. Rast und hab' kei Ruh, bin a trau - ri - ger Bua. Wenn i d'Wöl-kerl au
2. g'ses - se bei mir, eh' i fort bin von dir: hast mi druckt bei der
3. Al - les bist g'west, sag' i dir erst, wenn du gehst." Wie's mer das hot so
4. g'sucht her und hin, find' kei Dien-derl meh wie di; je - dem Baum han i's

poco accel.

Volkslied aus Baiern.

92. Vom Frühjohr.

(Original-Composition von Silcher und Eigenthum des Verlegers.)

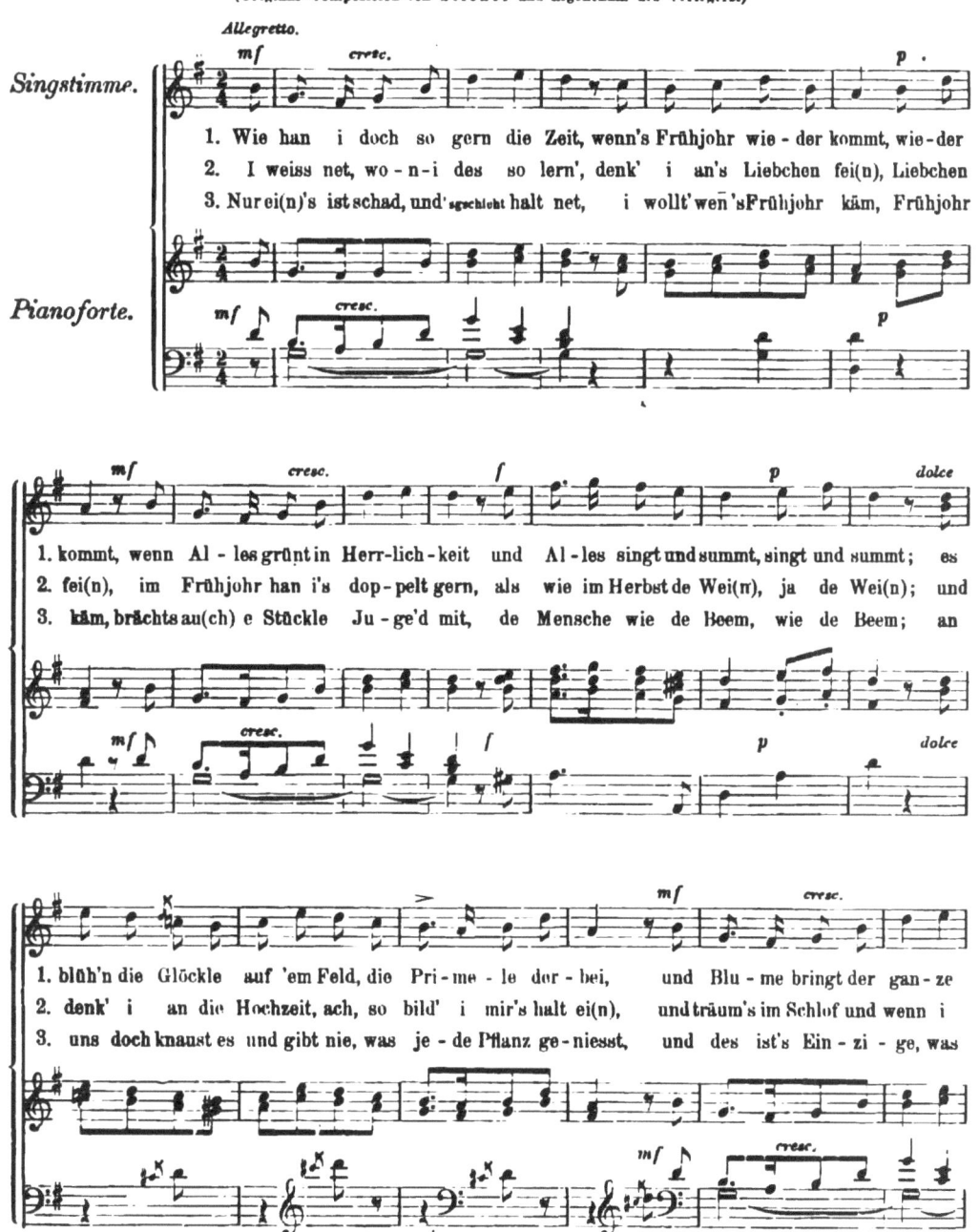

1. Wie han i doch so gern die Zeit, wenn's Frühjohr wie-der kommt, wie-der kommt, wenn Al-les grünt in Herr-lich-keit und Al-les singt und summt, singt und summt; es blüh'n die Glöckle auf 'em Feld, die Pri-me-le der-bei, und Blu-me bringt der gan-ze

2. I weiss net, wo-n-i des so lern', denk' i an's Liebchen fei(n), Liebchen fei(n), im Frühjohr han i's dop-pelt gern, als wie im Herbst de Wei(n), ja de Wei(n); und denk' i an die Hochzeit, ach, so bild' i mir's halt ei(n), und träum's im Schlof und wenn i

3. Nur ei(n)'s ist schad, und gschicht halt net, i wollt' wen 's Frühjohr käm, Frühjohr käm, brächt's au(ch) e Stückle Ju-ge'd mit, de Mensche wie de Beem, wie de Beem; an uns doch knaust es und gibt nie, was je-de Pflanz ge-niesst, und des ist's Ein-zi-ge, was

104

1. Welt der lu-stig schöne Mai, — — — der lu-stig schö-ne Mai. — — —
2. wach', im Frühjohr muss se sei(n), — — — im Frühjohr muss se sei(n). — — —
3. mi im Frühjohr so verdriesst, so verdriesst, im Frühjohr so verdriesst, so verdriesst.

Text nach Fr. v. Kobell.

93. Die Prager Schlacht.

(Original-Composition von Silcher und Eigenthum des Verlegers.)

Ein- oder zweistimmig.

Aus dem siebenjährigen Kriege.

Nachdrücklich.

Gesang.

1. Als die Preus-sen mar-schir-ten vor Prag, vor Prag, die schö-ne
2. Drauf rück-te Prinz Heinrich her-an, wohl mit acht zig-tau-send
3. Drauf schickten sie den Trompe-ter hin-ein: ob sie Prag woll-ten ge-ben
4. Wer hat denn dies Liedlein er-dacht? es ha-ben's drei Hu-sa-ren ge-

Pianoforte.

94. Die Heimkehr.

Ein- oder zweistimmig.

1. Im Aargäu sind zwei Liebi, im Aargäu sind zwei Liebi, die hättet einander so gern, gern, gern, die hättet einander so gern.
2. Der jung Knab zog zu Kriegi, der jung Knab zog zu Kriegi, wenn kummt er wiederum heim, heim, heim, wenn kummt er wiederum heim.
3. Uf's Jahr im andere Summer, uf's Jahr im andere Summer, wenn d'Stüdele trage das Laub, Laub, Laub, wenn d'Stüdele trage das Laub.

4.
Und s'Jahr und das war umme,
Der jung Knab kummt wied'rum heim.

5.
Er zog durch's Gasseli ufe,
Wo schön Ann' im Fensterli lag.

6.
„Gott grüess' di, du Hübschi, du Feini,
„Von Herze g'fallsch mer du wohl."

7.
„„Was soll i dir denn noh g'falle,
„„Ha schon längst en andere Ma,

8.
„„En hübsche und en riche,
„„Der mi wohl erhalte ka.""

9.
Er zog dur's Gasseli abe
Und weinet und truret gar sehr.

10.
Da begegnet ihm seine Frau Muetter:
„„Was weinest und trurest so sehr?""

11.
„Was soll i net weine und trure?
„Ha jo kei Schätzeli meh!"

12.
„„Wärst du doheime geblibe,
„„So hättest di Schätzeli noh!""

Schweizerlied.

95. Zu End'!

(Original-Composition von Silcher und Eigenthum des Verlegers.)

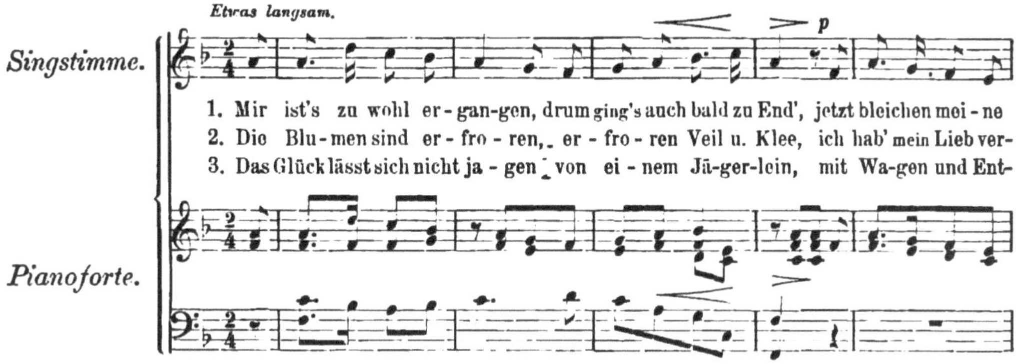
Etwas langsam.
Singstimme.
p
1. Mir ist's zu wohl er-gan-gen, drum ging's auch bald zu End', jetzt bleichen mei-ne
2. Die Blu-men sind er-fro-ren, er-fro-ren Veil u. Klee, ich hab' mein Lieb ver-
3. Das Glück lässt sich nicht ja-gen von ei-nem Jä-ger-lein, mit Wa-gen und Ent-
Pianoforte.

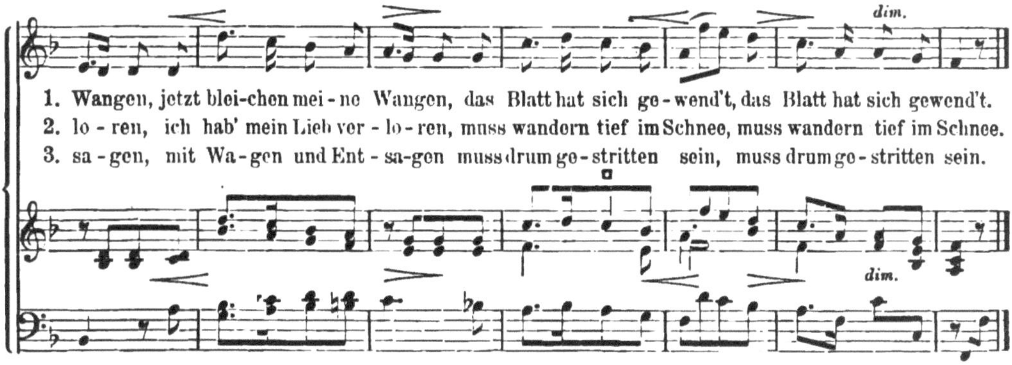
dim.
1. Wangen, jetzt blei-chen mei-ne Wangen, das Blatt hat sich ge-wend't, das Blatt hat sich gewend't.
2. lo-ren, ich hab' mein Lieb ver-lo-ren, muss wandern tief im Schnee, muss wandern tief im Schnee.
3. sa-gen, mit Wa-gen und Ent-sa-gen muss drum ge-stritten sein, muss drum ge-stritten sein.
dim.

96. Erfrorene Blumen.

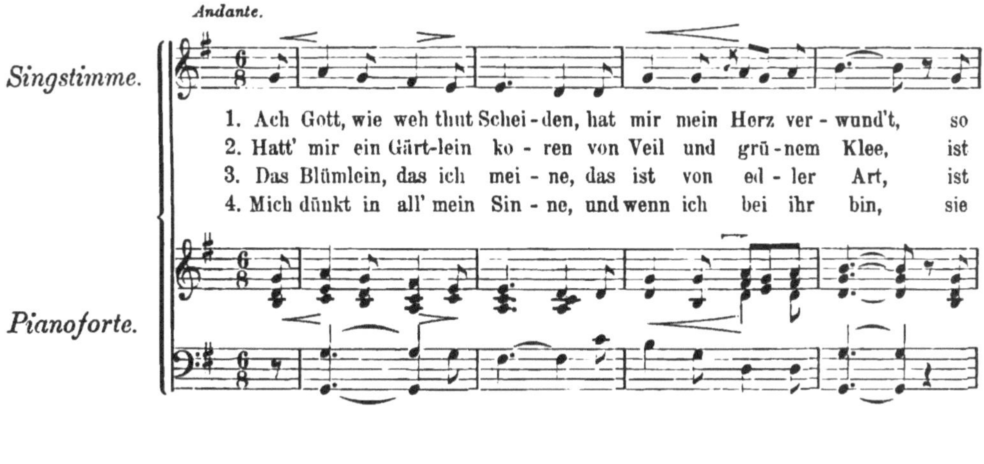
Andante.
Singstimme.
1. Ach Gott, wie weh thut Schei-den, hat mir mein Herz ver-wund't, so
2. Hatt' mir ein Gärt-lein ko-ren von Veil und grü-nem Klee, ist
3. Das Blümlein, das ich mei-ne, das ist von ed-ler Art, ist
4. Mich dünkt in all' mein Sin-ne, und wenn ich bei ihr bin, sie
Pianoforte.

Altes Volkslied.